Roland Geisselhart & Christine Burkhart

Ihr geistiges Potential
- unerschöpflich und grenzenlos -

Roland Geisselhart & Christiane Burkart

Ihr geistiges Potential

- unerschöpflich und grenzenlos -

Supergedächtnis in 3 Tagen

Mentaltraining der Superlative
- die besten Methoden -

Unter Mitarbeit von Dr. phil. S. Musmeci

IIIIIIIIIIIIIIiIII SILBERSCHNURiIIIIIIIIIIIIIIIIIII

© Verlag »Die Silberschnur«

ISBN 3-931 652-29-7

1. Auflage 1997

Zeichnungen 1-100: Verlag Orell Füssli, Zürich
Naturfotos: Edition Pegasos, Beverungen-Wehrden
Gestaltung: dtp XPresentation, Boppard
Printed in Hungary

Verlag „Die Silberschur" · Steinstraße 1 · D-56593 Güllesheim

Für meine Schwester Ilse

Mein besonderer Dank gilt
Siegfried und Roy und ihrem Buch
»Meister der Illusion«,
das mir nicht nur den Mut gab,
tiefer in mein Thema einzudringen,
als ich es anfangs vorhatte,
sondern mir auch die Erkenntnis vermittelte,
daß fast alle Zitate aus ihrer Show analog auf
Gedächtnis- und Imaginationstraining übertragbar sind.

Äußere und innere Welt bilden ein perfektes Spiegelbild.

INHALTSVERZEICHNIS

In uns allen erklingt eine zarte Melodie.
Wenn wir sie hören und ihr folgen, führt
sie uns zur Erfüllung unserer sehnlichsten
Träume.

Siegfried und Roy
(»Meister der Illusion«)

Einleitung

Die schöpferische, geistige Vorstellung ist ein unentbehrlicher Teil des menschlichen Wesens; ihre Kenntnis erschließt dem Suchenden eine völlig neue Welt. Wir wollen in diesem Buch, ausgehend von einfachen Gedächtnisübungen, die Wirkungs- und Anwendungsbereiche der Imagination, der bildhaften Vorstellungskraft deutlich machen.

Die erste Auswirkung eines geübten und weiterentwickelten visuellen Denkens ist der Übergang vom ›Wortdenker‹ zum ›Bilddenker‹. Wer bisher schwerpunktmäßig in logisch-vernünftigen Denkbahnen zu agieren gewohnt war, wird durch das Umschalten auf bildhaft-schöpferisches Gestalten stärker zum visuellen Typ hinüberwechseln. Dadurch wird sein Leben um vieles bereichert, seine geistige Entwicklung beschleunigt und die kreative Phantasie immer erfolgreicher zur Lebensgestaltung mit herangezogen.

Die Imagination wird im nächsten Schritt dazu benutzt, Wünsche und Intentionen klar auszuarbeiten und zu realisieren. Aus der eindeutigen bildhaften Vorstellung einer Idee heraus läßt sich diese viel einfacher und schneller verwirklichen, als wenn sie nur in Form eines vagen, un->begreif‹-lichen Wortgerüsts im Kopf herumspukt. Imagination dient so zur Durchsetzung großer und kleiner Ziele, zur Umformung widriger Verhältnisse, zur Schicksalsgestaltung. Der Grad des Erfolgs hängt dabei ab von der Intensität der Vorstellung und der Ausdauer und Konsequenz des Wünschenden.

Der Weg zu dieser schöpferischen, phantasievollen Imagination ist unser hier vorgestelltes Gedächtnistraining. Anhand der spielerisch präsentierten Übungen werden Ihre Fortschritte unmittelbar deutlich, und gleichzeitig mit dem Spaß an der bildhaften Gestaltung der Aufgaben wachsen auch Ihre Merkfähigkeit und Gedächtnisleistung. Mit den hier entwickelten Fähigkeiten werden Sie weit mehr erreichen als nur ein phänomenales Gedächtnis; lassen Sie sich überraschen!

Durch phantasievolles, bildhaftes Denken tut sich Ihnen eine völlig neue Welt auf!

Zunächst beginnen wir mit einfachen Gedächtnisübungen. Die folgende kleine Einkaufsliste wurde in unseren Gedächtnisbüchern schon oft erwähnt. Wir haben im Laufe der Jahre auch einige neue Verknüpfungen von Einkaufslisten erfunden, doch diese blieb mit Abstand die lustigste und originellste. Stellen Sie sich vor, Sie wollen die folgenden Gegenstände einkaufen:

1. einen Liter Milch
2. ein Kilo Bananen
3. eine Packung Schinken
4. zwei Salatköpfe
5. ein Pfund Tomaten
6. eine Tafel Schokolade
7. eine Honig-Melone
8. und einen Becher Sahne.

Die erste Reaktion der Seminarteilnehmer ist meistens, daß sie diese Gegenstände vor ihrem inneren Auge auf dem Tisch oder dem Teller aufbauen und damit eine imaginäre Mahlzeit garnieren, wie es eine Hausfrau oder ein Chefkoch tun würden. Sie werden feststellen, daß sich ein solches Bild im Kurzzeitgedächtnis gut halten läßt, solange Sie es sich intensiv vorstellen. Doch schon wenige Minuten später tauchen die ersten Unsicherheiten auf, bei welchen Dingen nun ›Kilo‹, ›Stück‹ oder ›Pfund‹ gestanden hat.

Gedächtnistechnisch ist das für einen Profi recht einfach zu lösen: Gedächtnistrainer haben für häufig wiederkehrende Begriffe ein festes Bild, das sie immer wieder einsetzen. So steht zum Beispiel für das Kilo ein 1-kg-Gewicht, auf dem ›1kg‹ steht. Für das Pfund wird eine Packung Quark verwendet, für die Stückzahl die entsprechende Anzahl von Streichhölzern.

Doch das statische Bild bleibt oft nicht von zu Hause bis zum Laden bestehen, ohne daß Sie es innerlich wiederholen und sich ständig vor Augen führen müssen. Deshalb ist der nächste Schritt der wichtigste überhaupt in der Gedächtnistechnik:

Sie üben nicht nur, in Gedanken das Bild zu erschaffen wie ein Maler oder Fotograf, sondern Sie gehen einen Schritt darüber hinaus bis zum Filmemacher oder Regisseur:

Sie versetzen das Bild in Bewegung und steuern es nach Ihrem eigenen Belieben.

Im Falle unserer Einkaufsliste sieht das so aus:

Wir mixen die Bananen und die Milch zu einem Glas Bananenmilch. Zwei Schinkenröllchen klettern auf den Rand, setzen sich als Hut einen Salatkopf auf und bewerfen sich gegenseitig mit Tomaten. Der Sieger erhält eine Melone auf einer Tafel Schokolade präsentiert und mit Sahne garniert.

Das ist der Beginn Ihrer nahezu unbegrenzten visuellen Flexibilität und Kreativität.

Hier öffnet sich für Sie eine völlig neue Welt der inneren Vorstellung und später auch eine neue Welt der Wahrnehmung und Beobachtung Ihrer Umgebung.

Sie haben den Sprung vom Dia-Bild zum Filmstreifen geschafft, vom Foto zur Bild-Dynamik. Diese Belebung Ihrer Vorstellungskraft beschert Ihnen früher oder später die Fähigkeit, völlig neue Lösungsansätze für nahezu alle Situationen in Ihrer unmittelbaren Umgebung zu entdecken. Dies ist dann der Sprung aus der Verkrustung und Stagnation in eine völlig neue Freiheit der Denkbahnen.

Mit der Entwicklung des fotografischen Gedächtnisses ist es genauso wie mit dem Fliegen eines kleinen Flugzeugs: Das Starten und Landen ist am schwierigsten! Starten bedeutet, vom Boden des Alltags gedanklich abzuheben in die Ebenen der Vision; Landen heißt, die dort oben gewonnenen Erkenntnisse und Geistesblitze dann wieder praxisorientiert in den Alltag zu integrieren und anzuwenden. Beim Starten lernen Sie, durch Bewegung Ihrer Vorstellungsbilder, Steigerung der Bewegung und den bald erreichten Umgang mit Geschwindigkeit ›abzuheben‹. Mit der wachsenden Erfahrung werden Sie sich auf Kommando in eine völlig neue Welt der Betrachtung versetzen können.

Ihr Ziel ist es, die bisher gekannten und erfahrenen gedanklichen Begrenzungen hinter sich zu lassen, nach vorne zu schauen und die Wolkendecke gedanklicher Hindernisse zu durchstoßen bis hinauf in die sonnige Zone ›über den Wolken, wo die Freiheit wohl grenzenlos ist‹. Hier steht Ihnen Ihre Kreativität tatsächlich grenzenlos zur Verfügung, ohne jeglichen Schatten; **hier können Sie alles mit jedem verknüpfen**, in den verschiedensten Varianten und Spielarten.
Das ist wahres Gedächtnistraining!

Doch hier sind die eigentlichen Gedächtnisübungen schon fast zweit- oder drittrangig geworden, denn Sie haben sich eine völlig neue Welt erschlossen. Diese neue Welt werden wir später noch genauer nach ihrem wahren und gesteigerten Wert erschließen. Es ist eine Welt, die Ihr gesamtes Stimmungsmuster anheben kann in die Sphäre der Dichter, Künstler, Yogis, Mystiker, Träumer, Forscher, Tüftler und Schriftsteller, auf die

Ebene von Verliebten, Intuitiven, Inspirierten und Erfindern, Art-Direktoren in Werbeagenturen, Referenten und Geschichtenerzählern, anfangs auch auf die Ebene der alten griechischen Universalgelehrten, also aller Luftikusse höherer Art. In noch höheren Sphären, also in den ›Adlerhöhen‹ jenseits des Denkens, finden sich dann Erfindergeist, Inspiration und die Vorstufen von Erleuchtung.

Auf diesem Weg gibt es noch eine ganze Reihe von Zwischenstufen, die Ihren Erfahrungshorizont ungemein bereichern können: die Entspannung, das Umschalten (das übrigens viel leichter ist als das Abschalten), Welt-Entrücktheit und Hinauswachsen über Negatives, doch auch Freude, Schweben und Abgehobensein und einige kleine Geheimnisse mehr, die sich Ihnen jedoch nur erschließen, wenn Sie Start **und** Landung im steten Wechsel üben: Wichtig ist das Gleichgewicht von Phantasie **und** Realität, Inspiriertheit **und** Lebensbewältigung.

Sie haben dann mehr innere Kraft zur Lebensbewältigung und Lebensmeisterung, weil Sie gelernt haben, in geistigen Höhen und inneren Quellen zu tanken, und weil Sie deshalb Ihre positive mentale Energie rascher erneuern können als andere Menschen. Zeiten des Alleinseins von einer Stunde am Tag, einem Wochenende oder sogar mehreren Tagen sind hier anfangs von großem Nutzen (nur anfangs).

So kennen es auch die großen Künstler in ihren kreativsten Schaffensphasen. Doch lassen Sie sich Zeit mit dem Landen, der Praxisübertragung und Konkretisierung Ihrer Gedanken und Ideen; diese müssen in Ruhe ausreifen, dann sind sie leichter umsetzbar. Zunächst einmal gilt es, vom Gedächtnistraining zur mentalen Entspannung zu gelangen. Hier ist Weltflucht (bis zu einer Stunde am Tag) erlaubt, denn wir kehren aus solchen Traumphasen um so kreativer und stärker zurück.

Hauptteil 1

Kapitel 1

Der erste Tag:

Vom Normalgedächtnis zur richtigen Technik

Unser Beispiel in der Einleitung zeigt Ihnen sofort, verehrte Leserin, verehrter Leser, worauf es bei unserem Gedächtnistraining vor allem ankommt:

Auf die Kraft Ihrer Vorstellung, auf Ihre Phantasie!

Mit Phantasie können Sie alles bewegen, und mit Bewegung und Handlung in Ihren Vorstellungen können Sie sich alles merken!

Es ist trainingstechnisch erwiesen, daß sich ein normal begabter Mensch etwa sieben bis acht Punkte einer Liste (Zahlen, Wörter, Daten und so weiter) ohne größere Schwierigkeiten merken kann. Werden es mehr, so muß er zu diversen Hilfsmitteln greifen, um sich später noch zuverlässig daran erinnern zu können. Wenn Sie nun die zu merkenden Daten miteinander in einer lustigen, lebendigen Geschichte verknüpfen, dann wird es später genügen, wenn Sie sich an das erste Wort dieser Reihe erinnern - die anderen Begriffe werden Ihnen dann von selbst wieder einfallen!

Machen wir gleich einen kleinen Test:

Versuchen Sie einmal, sich die folgenden Posten einer Einkaufsliste nach der herkömmlichen Methode zu merken, das heißt, sie schlicht und ergreifend auswendig zu lernen:

Äpfel

Mandarinen

Zucker

Mehl

Honig

Nudeln

Vollkornbrot

Joghurt

Bleistifte

Papiertaschentücher

Decken Sie die Liste anschließend zu und versuchen Sie, die Begriffe möglichst vollständig wiederzugeben:

_____

_____

_____

_____

_____

_____

_____

_____

_____

Seien Sie nicht enttäuscht, wenn Sie sich nicht mehr an alle Begriffe erinnern konnten - nach der nächsten Übung werden Sie es können!

Wir machen nun, wie in der Einleitung gezeigt, eine lustige kleine Geschichte aus dieser Liste:

In Ihrem Einkaufskorb springen die *Äpfel* und *Mandarinen* durcheinander, so daß man sie fast nicht mehr unterscheiden kann. Dabei stoßen sie an die *Zucker*-Tüte; die platzt auf und der Zucker rieselt leise aus

Ihrem Korb auf die Straße. Damit nicht genug: Die übermütigen Frücht-chen reißen auch noch das *Mehl* auf und verbreitern so die Spur, die Sie hinterlassen. Dann öffnen sie das *Honig*-Glas, setzen sich auf den Rand und lassen die mehligen Füße hineinhängen. Zu allem Überfluß bewerfen sie sich noch mit den *Nudeln* und tauchen das *Vollkornbrot* in die klebrig-süße Honigmasse hinein. Jetzt wird es Ihnen zu bunt: Sie kippen den *Joghurt* über das freche Gesindel, das sich daraufhin blitz-schnell aus den *Bleistiften* und den *Papiertaschentüchern* kleine weiße Fähnchen bastelt und die Kapitulation verkündet...

Können Sie sich so eine kuriose Geschichte vorstellen?

Vielleicht haben Sie es eben bemerkt: Als Sie den Verknüpfungen un-serer Phantasiegeschichte in Gedanken(bildern) gefolgt sind, waren Sie *vollkommen konzentriert*. Das ist eine wichtige Voraussetzung für die Effektivität Ihrer bildhaften Vorstellungen: Je besser Ihre Konzentration ist, um so leichter wird es Ihnen fallen, die Bilder lebendig, farbig, be-wegt und humorvoll zu gestalten, so daß Sie sich später selbstverständlich und mit Leichtigkeit und Vergnügen daran erinnern können.

Sie haben ja auch nicht von vorne herein ein gutes oder schlechtes Gedächtnis; es ist vielmehr so, daß jeder Mensch im Grunde die glei-che Merkfähigkeit hat - nur kann der eine sie besser nutzen als der andere, weil er die entsprechenden Techniken kennt und benutzt. Ein Gedächtnis, das konzentriert arbeitet und regelmäßig trainiert, wird mit den bildhaften Verknüpfungen immer selbstverständlicher umge-hen und somit schon bald eine ungeahnte Flexibilität entwickeln. Des-halb achten Sie darauf, wenn Sie selbst etwas bildhaft verknüpfen und sich dauerhaft einprägen wollen, daß Sie sich möglichst nicht ablen-ken lassen, sondern in Ihrer Vorstellung voll und ganz bei der Sache sind.

Nun machen Sie doch einmal die Probe aufs Exempel: Testen Sie, ob Sie vorhin konzentriert genug waren, und versuchen Sie, die Begriffe von unserer Einkaufsliste (ohne Nachschlagen) vollständig und in der richtigen Reihenfolge zu wiederholen:

_____

_____

_____

_____

_____

_____

_____

_____

_____

_____

Sehen Sie - das Ergebnis ist schon deutlich besser als vorhin! Sie haben sich ohne Schwierigkeiten zehn Punkte einer Einkaufsliste gemerkt, und mit dieser Methode werden Sie sich bald noch weit mehr einprägen können!

Versuchen Sie es nun einmal ohne unsere Hilfestellung, und verbinden Sie die folgenden Posten selbst in einer lustigen kleinen Geschichte. Lassen Sie die Gegenstände handeln, kreieren Sie lebendige und außergewöhnliche Geschehnisse:

Socken
Kaffee
Briefpapier
Tomatensoße
Waschpulver
Kamm
Zahncreme
Sekt
Reißnägel
Glühbirnen

Die Verknüpfungen werden Ihnen noch leichter fallen, wenn Sie bei der Gestaltung Ihres Handlungsablaufs die folgenden Regeln beachten:

- Sie dürfen ruhig übertreiben, was die Größe und Form eines Gegenstandes angeht.
- Bringen Sie so viel (körperliche oder seelische) Bewegung wie nur möglich in die Gedankenverbindung hinein.
- Übertreiben Sie auch bezüglich (An-)Zahl und Menge.
- Oder ersetzen Sie einen Gegenstand von der Funktion her durch einen anderen.

Mit diesen Ratschlägen werden Sie sich auf spielerische Weise noch viel mehr merken können, so zum Beispiel auch eine ganze Erledigungsliste. Stellen Sie sich vor, Sie müssen in den nächsten Tagen die folgenden Dinge erledigen (und sollten möglichst keines davon vergessen):

- Ein bestelltes Buch in der Buchhandlung abholen
- Ihrer Tante eine Karte zum Geburtstag schreiben
- mit einem ehemaligen Schulkameraden wegen des geplanten Klassentreffens telefonieren
- den Sonntagsanzug in die Reinigung bringen
- in der Autowerkstatt einen Termin für die Inspektion ausmachen
- den Videorecorder pünktlich programmieren, weil Sie Ihrem Neffen versprochen haben, das Pokal-Endspiel für ihn aufzuzeichnen
- beim Steuerberater anrufen
- einen Satz neue Glühbirnen kaufen
- den Fahrradreifen Ihres Sohnes flicken
- den Hausflur putzen; Sie haben Kehrwoche
- die Getränkevorräte im Keller auffüllen
- eine neue Druckerpatrone für Ihren PC-Drucker besorgen

Für den Anfang geben wir Ihnen ein wenig Hilfestellung. Zunächst reduzieren wir die Liste auf die wichtigsten Begriffe:

Buchhandlung, Buch abholen - Geburtstagskarte für die Tante - Klassentreffen, telefonieren - Sonntagsanzug zur Reinigung - Autowerkstatt wegen Inspektionstermin - Videorecorder programmieren - Steuerberater anrufen - Glühbirnen kaufen - Fahrradreifen flicken - Hausflur putzen - Getränkevorräte auffüllen - Druckerpatrone besorgen.

Und nun verknüpfen wir diese Begriffe unter Zuhilfenahme der oben genannten Regeln:

Sie gehen zur Buchhandlung, und die Angestellten sind froh, daß Sie endlich kommen - das von Ihnen bestellte Buch ist so groß, daß es den ganzen Verkaufsraum ausfüllt (Übertreibung nach Größe).

Sie reißen aus dem Buch gleich eine Seite heraus und falten sie so lange zusammen, bis sie in einen Briefumschlag paßt - den schicken Sie Ihrer Tante zum Geburtstag (die Grußkarte wird in ihrer Funktion ersetzt durch die Buchseite).

Vor der Buchhandlung steht eine Telefonzelle; Sie rufen gleich Ihren Schulkollegen an und führen ein sehr lebhaftes Gespräch, bei dem Sie wie wild gestikulieren, so daß die Passanten in ihren schönen Anzügen auf der Straße bereits stehenbleiben und Sie verwundert ansehen (Übertreiben der Bewegung).

Anschließend bringen Sie Ihren Sonntagsanzug zur Reinigung - er besteht aus einer Anzugsjacke und einunddreißig dazu passenden Hosen, eine für jeden Tag des Monats (Übertreibung bezüglich der Anzahl).

Und so fort.

Die fehlenden Erledigungen können Sie nun selbst hinzufügen; schmieden Sie die Handlungskette weiter und erfinden Sie lustige oder absurde, aber auf alle Fälle lebendige und einprägsame Szenen. Sie sind der Regisseur dieses inneren Films; Sie machen daraus eine Tragödie oder einen Comic, eine Komödie oder auch nur einen kleinen Sketch - und

Sie sind hinterher in der Lage, die einzelnen Szenen aus Ihrem Gedächtnis wieder vollständig abzurufen.

Versuchen Sie nun, sich zunächst an die Einkaufsliste zu erinnern, die Sie vorhin selbständig in eine Handlungskette umgestaltet haben; mit den Socken ging es los:

Socken _____

_____

_____

_____

_____

_____

_____

_____

Das war schon sehr gut! Wenn Sie sich acht oder mehr Posten ins Gedächtnis zurückrufen konnten, dürfen Sie sich gratulieren! Andernfalls sehen Sie sich unsere Hinweise zur Gestaltung der phantasievollen Verknüpfungen noch einmal genau an, und nehmen Sie sich dieselbe Einkaufsliste ruhig noch einmal vor. Erfinden Sie eine neue Handlungskette, und seien Sie in Ihrer Phantasie ein wenig kühner und origineller als sonst: Hier gibt es kein Möglich oder Unmöglich, keine Zensur und kein Stirnrunzeln, wenn Sie etwas Außergewöhnliches erfinden. Je mutiger und innovativer Sie sind, um so be-›merkens‹-werter werden auch Ihre Gedankenbilder, und um so leichter lassen sie sich bei Bedarf wieder abrufen.

Wie sieht es denn jetzt mit Ihrer Erledigungsliste aus? Können Sie sich noch an den ersten Punkt auf der Liste erinnern? (Dann folgen die anderen sicherlich automatisch nach!)

———————————————

———————————————

———————————————

———————————————

———————————————

———————————————

———————————————

———————————————

———————————————

———————————————

———————————————

Wenn Sie noch Lücken haben, dürfen Sie diese ergänzen; doch nehmen Sie sich die Übung in ein paar Tagen noch einmal vor und wiederholen Sie die Verknüpfungen, bis Sie alle Punkte hintereinander aufzählen können.

Sollte das bereits jetzt der Fall sein, dann haben wir eine kleine Steigerung für Sie parat: Fangen Sie in dieser Kette doch einmal von hinten an! Was müssen Sie erledigen, nachdem Sie die Druckerpatrone besorgt haben? Wenn Sie die ganze Liste auch rückwärts aufsagen können, dann haben Sie für den heutigen Tag schon sehr viel gelernt! Sie haben das Prinzip verstanden und können bereits sehr gut damit umgehen! Bleiben Sie am Ball; Sie können aus Ihrem Gedächtnis noch sehr viel mehr herausholen!

Und zum Abschluß dieses ersten Teils unseres Lehrgangs möchten wir Ihnen eine ausführliche Checkliste vorstellen: Es geht um die Vorbereitungen, die zu treffen sind, wenn Sie eine Gartenparty feiern wollen (in Anlehnung an: Günther Feyler, *140 Checklisten*, Wilhelm Heyne Verlag, München 1981, S.104f.). Nun sind sicherlich in Ihrem persönlichen Fall nicht alle der nachstehend aufgeführten Punkte relevant; das bedeutet aber, Sie müßten erst einmal eine Vorauswahl treffen und sich dann nur die Dinge merken, die für Sie wirklich wichtig sind.

Es geht hier, nebenbei bemerkt, um eine Fähigkeit, die in Ihrem ganzen Leben eine elementare Rolle spielt:

Die Unterscheidung zwischen wichtigen und unwichtigen Dingen.

Es macht für Sie keinen Sinn, sich möglichst viel zu merken und Ihr Gedächtnis auf Hochleistungen zu trimmen, wenn Sie hinterher nicht wissen, was Sie nun mit diesem Berg an Informationen und Daten überhaupt anfangen wollen. Deshalb treffen Sie bereits hier eine kluge Vorauswahl; suchen Sie sich aus der folgenden Liste maximal zwölf Punkte aus und verknüpfen Sie diese dann wie bereits gewohnt in einem bunten Handlungsstrang:

Checkliste »Gartenparty«:
- Haben Sie die Einladungen rechtzeitig verschickt?
- Wo kann die Party bei schlechtem Wetter stattfinden?
- Was wollen Sie anbieten?
- Machen Sie einen Einkaufszettel!
- Haben Sie genügend Sitzmöglichkeiten?
- Haben Sie an die Gartenbeleuchtung gedacht?
- Welche Dekoration wollen Sie wählen?
- Soll die Party unter einem bestimmten Motto stehen?
- Ist der Grill in Ordnung?
- Haben Sie genügend Kohleanzünder und Spiritus im Haus?
- Haben Sie die Grillzeiten der einzelnen Fleisch-, Wurst- oder Fischsorten bedacht?
- Welche Getränke passen dazu?
- Was bieten Sie als Aperitif an?
- Haben Sie genügend Mineralwasser im Haus?
- Gibt es am Ende der Party einen kräftigen Abschlußsnack?
- Haben Sie vorsichtshalber Ihre Nachbarn informiert (oder eingeladen)?
- Haben Sie genügend Kerzen und Lampions im Haus?
- Wie sorgen Sie für Musik im Garten?
- Können Sie eine Tanzfläche arrangieren (ausgedienter Teppich oder ähnliches)?

- Haben Sie eine bestimmte Tischordnung vorgesehen? Oder sollen sich Ihre Gäste zwanglos zusammenfinden?
- Haben Sie Spiele oder Tanzspiele vorbereitet?
- Sind genügend Gläser vorhanden?
- Haben Sie Ihre Badezimmer auf die Gäste eingerichtet?
- Sind genügend Vasen für Blumen vorhanden?
- Können Sie Heißgetränke schon in Thermoskannen vorbereiten?
- Können Sie bestimmte Speisen vorbereiten und kaltstellen?
- Welche Speisen müssen vor Ort angerichtet werden?
- Sollen die Gäste etwas zum Buffet beisteuern, zum Beispiel einen Salat?
- Haben Sie jemanden, der Ihnen an diesem Abend zur Hand geht?
- Wo wird die Garderobe abgelegt?
- Sind genügend Parkmöglichkeiten vorhanden?
- Wo können Ihre Gäste telefonieren?
- Haben Sie einen Kostenvoranschlag gemacht?
- Wo können alkoholisierte Gäste notfalls übernachten?

Suchen Sie sich aus diesen Vorschlägen etwa zwölf Punkte aus, die Sie für besonders wichtig erachten (gegebenenfalls können Sie die Liste auch nach Ihren eigenen Gesichtspunkten ergänzen). Und dann prägen Sie sich genau diese zwölf Punkte mit unserer Methode ein.

Ihre nächste Party wird mit Sicherheit ein Erfolg!

Kapitel 2

Der zweite Tag:

Von der Technik zur Eleganz

Sie haben nun die ersten Schritte unternommen, um sich mit Hilfe Ihrer eigenen Phantasie mehr Dinge als zuvor deutlich besser merken zu können. Nun möchten wir diese Technik noch mit etwas ›Eleganz‹ verbinden:

Unter Eleganz verstehen wir in diesem Zusammenhang die spielerische Leichtigkeit unserer Methode, die Ihnen schon bald sehr viel Spaß an Ihren eigenen Phantasiebildern und erstaunliche Erfolge ermöglichen wird.

Durch diese einfachen Anleitungen und kleinen Beispiele sind Sie in der Lage, das unglaubliche Potential Ihres Gehirns noch effektiver zu nutzen. Dabei ist es von großer Bedeutung, daß Sie die bildhaften Vorstellungen in Ihrer Phantasie so lebhaft wie möglich gestalten.

In einer Versuchsreihe, so berichtet Peter Russell in seinem Buch über die Fähigkeiten des Gehirns (*Der menschliche Computer,* ›Wilhelm Heyne Verlag, München 1979, S. 146f.), wurde einer Gruppe von Studenten paarweise Begriffe vorgelegt, die zueinander in keiner Beziehung standen. Die Kandidaten wurden aufgefordert, sich zu einem Teil dieser Paare eine Szene vorzustellen, in der die beiden Begriffe vorkamen, den anderen Teil der Wortpaare aber nur je dreimal laut zu sprechen:

»Beim Abfragen, das unmittelbar danach erfolgte, wurde festgestellt, daß sich die Personen bei einer bildlichen Vorstellung zu 80%, bei den nur wiederholten Wortpaaren aber nur zu 33% richtig erinnern konnten. Durch streng assoziierte Bilder konnten demnach die Personen ihr Erinnerungsvermögen um das Zweifache steigern.«

Fazit:

»Je lebhafter das bildliche Vorstellungsvermögen, (...) um so stabiler das Gedächtnis.«

(Aus: Peter Russell, *Der menschliche Computer*, S.146f.)

Ein gutes Vorstellungsvermögen ist wahrscheinlich bei jedem Menschen grundsätzlich vorhanden, doch in vielen Fällen liegt der Grund für ein Nachlassen dieser Begabung darin, daß sie nicht oft genug genutzt wird - und außerdem durch Bildung und Erziehung ersetzt wurde. Heutzutage wird viel Wissen als gegeben vorausgesetzt und muß stur (auswendig) gelernt werden - für freie kreative Gestaltung bleibt unter anderem auch im heutigen Schulsystem zu wenig Raum. Durch Bildung und Erziehung sind Sie zwar weitergekommen, aber noch lange nicht weit genug, um alle elementaren Aufgaben Ihres Lebens gekonnt zu meistern.

Je öfter Sie sich nun damit beschäftigen, in Ihrer Phantasie aktive, lebendige Bilder zu kreieren von den Dingen oder Ereignissen, an die Sie sich erinnern wollen, um so leichter können Sie diese verschütteten Fähigkeiten wieder reaktivieren.

Wir machen deshalb auch gleich weiter mit unseren Übungen und präsentieren Ihnen ein System von Symbolen, das an die Zahlen von 1 bis 10 gekoppelt ist:

1. Die Kerze gehört zur 1.
2. Der Schwan biegt seinen Hals zur 2.
3. Ein Dreizack hat 3 Zacken;
4. ein Kleeblatt 4 Blätter

5. und die Hand schließlich 5 Finger.
6. Der Elefant formt mit dem Rüssel die 6.
7. Die Fahne hat die Form einer 7.
8. Die Sanduhr steht für die 8.
9. Eine Schlange kringelt sich zur 9,
10. und Golfschläger und Ball symbolisieren zusammen die 10.

(Symbole entnommen aus: R. Roland Geisselhart, *Vokabeln lernen wie im Schlaf*, Delphin Verlag, München 1989, S.77f.)

Prägen Sie sich die Symbole und die dazugehörigen Ziffern gut ein: Sie sind die Grundlage für die nächsten Übungen - und für die Fortschritte, die Sie in Kürze damit erzielen werden!

Ihr Vorstellungsvermögen können Sie auch jederzeit durch spielerische Gedanken und Experimente auf Trab bringen: P. Russell empfielt zum Beispiel, »...sich einen Gegenstand vorzustellen, der sich auf ungewöhnliche Weise verändert...«, so etwa ein Glas Wasser:

»... wobei dieses Glas vor Ihren Augen im Raum schwebt, versetzen Sie dann dieses Glas in Bewegung. Schicken Sie das Glas zur Decke, holen Sie es wieder herunter und bewegen Sie es durch den Raum. Stellen Sie sich vor, daß Sie das Glas auf den Kopf stellen, ohne daß das Wasser ausläuft. Versuchen Sie sich dann vorzustellen, daß das Wasser seine Farbe verändert, daß es zunächst blau, dann grün und schließlich golden wird. Lassen Sie das Glas sein Format ändern. Stellen Sie sich vor, daß es groß wird wie Sie oder so klein, daß es auf Ihren Fingernagel paßt.«

(Aus: Peter Russell, *Der menschliche Computer*, S.157)

Machen Sie ruhig ab und zu solche Experimente in Ihrer Vorstellung; sie eignen sich gut für alltägliche Wartesituationen wie etwa beim Arzt, an der Kasse im Supermarkt und so weiter. Und es ist erwiesen:

»Solche Übungen, sofern sie regelmäßig durchgeführt werden, können die Potenz Ihrer Vorstellungskraft unheimlich steigern. Sobald Sie damit beginnen, Ihre Vorstellungskraft im täglichen Leben einzusetzen, wird Ihr Gesamtgedächtnis eine beachtliche Steigerung erfahren.«

(Ebenda)

Zunächst aber wollen wir sehen, ob Sie sich die Symbole bereits so eingeprägt haben, daß sie auf Anhieb korrekt abrufbar sind. Wissen Sie noch, welches Symbol zu den folgenden Zahlen gehört?

3: _____

7: _____
4: _____
8: _____
1: _____
9: _____
2: _____
5: _____
10: _____
6: _____

Das war doch ganz einfach, oder? Wir werden Ihnen auch gleich zeigen, wie Sie sich mit diesen Symbolen wichtige Dinge noch einfacher und sicherer merken können. Nehmen wir einmal die folgende Liste von Vorbereitungen, die Sie auf keinen Fall vergessen dürfen, wenn Sie in den Urlaub fahren wolllen:

1. Paß und/oder Personalausweis verlängern
2. Urlaubsadresse an Post und Zeitung weitergeben
3. Fällige Beiträge, Miete, Strom, Gas, Wasser und Telefon bezahlen
4. Wer pflegt die Haustiere und Blumen?
5. Geld umtauschen
6. Euro-Schecks und Scheckkarte aktualisieren
7. Medikamente für den Urlaub
8. Fahrkarten und Platzkarten rechtzeitig besorgen
9. Wie sieht der Krankenschutz im Ausland aus?
10. Reisegepäck- und Unfallversicherung

(Nach: Günther Feyler, *140 Checklisten*, S.108)

So, und nun versuchen Sie einmal, sich diese Punkte auf herkömmliche Art einzuprägen. Das ist ziemlich mühsam, nicht wahr? Wir haben einen besseren Vorschlag: Sie verknüpfen jeweils einen Punkt von der Liste mit einem Zahlensymbol zu einer kleinen lebhaften Geschichte, die Sie sich dann mit Sicherheit leicht merken können. Das könnte zum Beispiel so aussehen:

1. Sie verbinden Punkt 1 ›Ausweis‹ mit dem ersten Symbol ›Kerze‹: Wenn Sie keinen gültigen *Ausweis* haben, müssen Sie bei Nacht und Nebel und *Kerze*nlicht über die Landesgrenze schleichen. Malen Sie sich diese Szene in Ihrer Phantasie so richtig abenteuerlich aus!

2. Dasselbe machen Sie mit Punkt 2: ›Post, Zeitung‹ und ›Schwan‹: Am Urlaubsort kommt jeden Morgen ein stolzer *Schwan* geräuschlos und majestätisch über den See herangeglitten und offeriert Ihnen zum Frühstück die aktuelle Tages*zeitung*.

3. Und was haben der ›Dreizack‹ und Ihre ›Rechnungen‹ miteinander zu tun?
   Nun, wenn Sie Ihre fälligen *Beiträge* nicht vor dem Urlaub bezahlen, kann es Ihnen passieren, daß die Gläubiger in absehbarer Zeit mit dem *Dreizack* hinter Ihnen her sind, um die ausstehenden Summen einzutreiben.

4. Ihre *Haustiere und Blumen* werden während Ihrer Abwesenheit von Ihrer Nichte so vorzüglich gepflegt, daß Ihnen bei der Rückkehr ein ganzer Teppich von *Glücksklee* entgegenwuchert.

5. Auch im Ausland halten die Leute nur allzu gerne die *Hand* auf und lassen sich alles bezahlen; deshalb denken Sie an das nötige Klein*geld* (und *tauschen* es vorher um).

6. Für die größeren Beträge, wenn Sie zum Beispiel im Urlaub ein teures Souvenir erstehen wollen, ich denke da etwa an einen Kunststoff-*Elefanten*, sollten Sie auch *Euro-Schecks* dabei haben.

7. Die wichtigsten *Medikamente* gehören auch in Ihren Koffer, sonst sehe ich Sie schon in einer fremden Stadt herumirren und eine Erste-Hilfe-*Fahne* schwenken, bis Ihnen ein verständnisvoller Zeitgenosse zu Hilfe eilt.

8. Die *(Sand-)Uhr* läuft, gleich macht der Fahrkartenschalter zu - haben Sie Ihre *Karten* schon besorgt?

9. Wenn Sie im Urlaub krank werden oder zum Beispiel von einer *Schlange* gebissen werden, dann wehren Sie sich am besten, indem Sie schnell Ihre Chipkarte von der *Krankenkasse* zücken.

10. Denken Sie auch an Ihre *Gepäck- und Unfallversicherung*; es könnte ja vorkommen, daß Sie in die Nähe eines *Golfplatzes* und dort in den Kugelhagel der *Golfbälle* geraten...

Sie haben sicherlich registriert, was hier geschehen ist: Die Punkte, die Sie sich einprägen sollten, wurden durch eine kleine lebendige, teils auch absurde oder übertriebene Geschichte mit einem der Ihnen bekannten Symbole verknüpft. Hintergrund dieser Methode ist die Tatsache, daß das Kurzzeitgedächtnis nur sehr begrenzt aufnahmefähig ist. Wenn es aber gelingt, die wichtige Neuigkeit mit einem Faktum zu verknüpfen, das sich bereits im Langzeitgedächtnis befindet, dann braucht die Neuigkeit keinen Platz im Kurzzeitgedächtnis zu beanspruchen. Wichtig ist dabei, daß Sie sich genau merken, in welcher ›Schublade‹ Sie etwas abgelegt haben, damit Sie es später ohne großes Herumsuchen wiederfinden können.

Mit den einprägsamen Zahlensymbolen haben Sie sich ein Schubladensystem im Langzeitgedächtnis geschaffen, in dem Sie auf eleganteste Art nahezu ALLES abspeichern und aufbewahren können. Denn die Symbole beherrschen Sie ja bereits sehr gut, und bei weiterem Üben werden sie Ihnen schon bald in Fleisch und Blut übergehen, so daß Sie sie wirklich automatisch anwenden können. Und alles, was Sie mit diesen Symbolbildern verbinden, wird automatisch im Langzeitgedächtnis abgelegt - das heißt, daß Sie sich auch nach Tagen oder Wochen noch zuverlässig daran erinnern können!

Wenn Sie eben die kleinen Geschichten um die Urlaubs-Checkliste in Ihrer Phantasie mitvollzogen haben, wird es Ihnen sicher nicht schwerfallen, in kurzen Stichpunkten zu notieren, welche Besorgungen jeweils zu den einzelnen Zahlensymbolen gehören:

1. Kerze: _____
2. Schwan: _____

3. Dreizack: _____

4. Kleeblatt: _____

5. Hand: _____

6. Elefantenrüssel: _____

7. Fahne: _____

8. Sanduhr: _____

9. Schlange: _____

10. Golfschläger und Ball: _____

Sollte Ihnen hier die eine oder andere Kombination fehlen, dann seien Sie nicht enttäuscht: Sie haben ja gestern erst angefangen mit Ihrem Gedächtnistraining. Gehen Sie einfach zurück, und stellen Sie sich die entsprechende Szene in Ihrer Phantasie noch einmal in Ruhe vor. Sehen Sie Farben, hören Sie Geräusche, und stellen Sie sich vor, Sie erleben diese Situation hautnah mit: <u>Sie</u> sitzen am See beim Frühstück, wenn der Schwan angeschwommmen kommt; <u>Sie</u> entdecken den Elefanten, den Sie Ihrer Tante mitbringen wollen, <u>Sie</u> schleichen bei Nacht und Kerzenschein über die grüne Grenze in den Bergen...

Wenn Sie sich bestimmte Bilder oder Vorstellungen merken wollen, haben Sie um so mehr Erfolg, je lebendiger, aktiver und lebensnaher die Szenen sind, die Sie daraus gestalten. Bei Versuchen in Kanada wurden den Testpersonen 10.000 Bilder (Dias) gezeigt und anschließend Messungen durchgeführt,

»... inwiefern sich die Lebhaftigkeit der Bilder auf das Gedächtnis bzw. auf die Wiedergabe auswirkte. Bei lebhaften Bildern waren die Personen in der Lage, 99,6% der Bilder korrekt wiederzugeben.«
(Aus: Peter Russell, *Der menschliche Computer*, S.149)

Das folgende Schaubild erläutert die Erfolgsquote der verschiedenen Methoden:

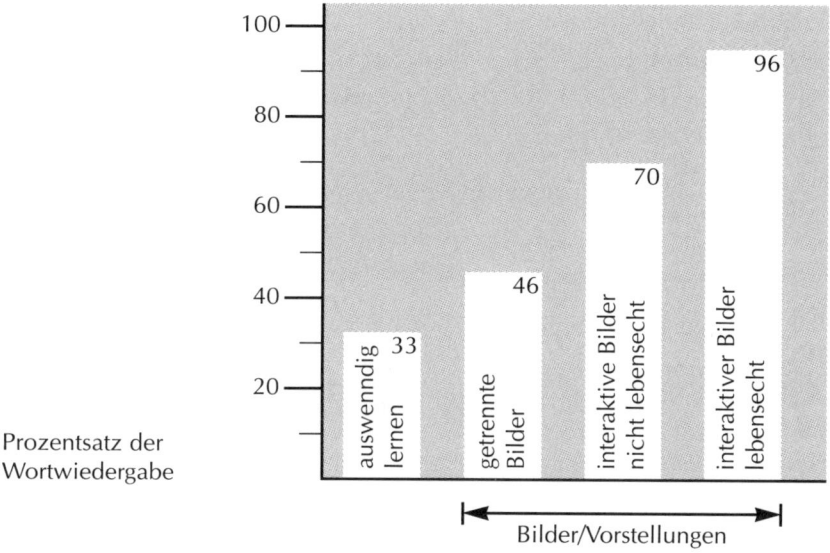

Prozentsatz der
Wortwiedergabe

Bilder/Vorstellungen

Das gute alte Auswendiglernen hat ausgedient; mit 33% ist die Erfolgsrate deutlich zu niedrig. Besser wird es schon, wenn das, was Sie sich merken wollen, als Bild auftaucht. Doch solange Sie lediglich einen Ausweis oder eine Scheckkarte vor Ihrem geistigen Auge sehen, haben Sie noch keine Garantie dafür, daß Sie nicht eines der beiden Dinge wieder vergessen. Wenn nun allerdings die einzelnen Elemente miteinander in Aktion treten, werden lebendige Verbindungen geschaffen, die automatisch vom einen zum anderen führen und so das Erinnern erleichtern. So gut wie perfekt wird es schließlich, wenn die Aktion lebensecht, das heißt vor allem bewegt und voller Eindrücke (›eindrucksvoll‹) ist; wenn Phantasie, Farben, Geschmack und Geräusche dazukommen.

Dann erreichen Sie eine Erfolgsrate, um die Sie so mancher beneiden wird.

Fazit:

Am einfachsten und dauerhaftesten läßt sich merken, was in lebendige aktive Bilder ›verpackt‹ wird.

Und genau das dürfen Sie nun wieder üben. Verknüpfen Sie die folgende Liste von vegetarischen Gerichten so gut mit den Zahlensymbolen, daß Sie sie morgen Ihrer Kollegin oder Ihrem Nachbarn lückenlos aufzählen können:

1. Gemüsepizza
2. Sommerliche Salatplatte
3. Kohlrabi-Auflauf
4. Gemüserisotto
5. Vollkornnudeln mit Zucchini
6. Grünkernfrikadellen und Pellkartoffeln
7. Gemüsesuppe mit Weizen
8. Verlorene Eier auf Kartoffelpaste
9. Apfelpfannkuchen
10. Linsenbratlinge auf Rösti

Sie könnten zum Beispiel mitten auf die Gemüsepizza eine schöne Kerze stellen, die Salatplatte auf einem weißen Schwan servieren, versuchen, den Kohlrabi-Auflauf statt mit der Gabel mit einem Dreizack zu essen und so weiter. Sie haben selbst genügend Phantasie, um sich die entsprechenden Kopplungen auszudenken. Halten Sie Ihre Ideen in kurzen Stichworten fest:

1. Kerze steht auf Pizza
2. Schwan serviert Salat auf seinem Rücken
3. ....
4. ....
5. (und so weiter)

Haben Sie keine Angst, daß Sie die vegetarischen Gerichte mit den Urlaubsvorbereitungen verwechseln könnten: Die beiden Listen lassen sich mit dem gesunden Menschenverstand leicht auseinanderhalten. Bis zu dreimal können Sie die einzelnen Symbole problemlos belegen, ohne daß die Gefahr einer Verwechslung besteht. Sollten Sie unsicher sein, dann dürfen Sie mit Farben experimentieren: Benutzen Sie zum Beispiel für die Bilder zur Reisevorbereitung die natürlichen Farben der Symbole, und bei den Verknüpfungen mit den vegetarischen Gerichten stellen Sie sich dann vor, die Symbole seien alle tiefgrün (oder azurblau oder leuchtendgelb...). Auf diese Art wird es Ihnen später auch gelingen, sich mehr als zehn Gegenstände zu merken: Sie beginnen beim elften Element die Symbolreihe einfach von vorne - in einer anderen Farbe.

Testen Sie sich nun selbst, inwieweit Ihnen der alternative Speiseplan jetzt geläufig ist. Wie viele Gerichte fallen Ihnen noch ein? Sie dürfen auf jeden Fall stolz auf sich sein: Mit dieser Symbol-Methode haben Sie sich ein nützliches Instrument zugänglich gemacht; mit seiner Hilfe werden Sie einerseits Ihre Phantasie und Vorstellungsgabe auf einfachste Weise trainieren und so viel kreativer und ideenreicher leben und handeln, andererseits können Sie ganz pragmatisch vieles aus Ihrem Alltag selbstverständlich und ›elegant‹ im Gedächtnis behalten, das Sie sich früher mühsam hätten einprägen oder aufschreiben müssen.

In der letzten Aufgabe dieses Kapitels sollen Sie sich mit einem Bereich Ihres Lebens befassen, über den Sie wahrscheinlich, wie wir alle auch, normalerweise nicht so häufig nachdenken: Es geht um Ihren Freundeskreis. Freunde sind einfach da, und was man mit ihnen unternimmt, das ergibt sich meist von selbst. Oder denken Sie oft darüber nach, welche Menschen Ihnen wichtig sind und woran das im einzelnen liegt? Was verbindet Sie mit den jeweiligen Personen? Welche Gemeinsamkeiten gibt es? Warum sind Sie gerne mit ihnen zusammen? Und was mögen die anderen an Ihnen? All das sind Fragen, über die es sich nachzudenken lohnt, weil Sie dadurch wieder mehr über sich selbst und Ihre Wünsche und Einstellung erfahren können.

Doch uns geht es hier um einen ganz einfachen Aspekt: Gibt es in Ihrem Freundeskreis Menschen, mit denen Sie in aller Ruhe über interessante esoterische Themen (wie zum Beispiel dieses Buch) sprechen können? Gehen Sie im Geiste Ihre Bekannten einmal durch und notieren Sie sich die entsprechenden Namen (es sollten etwa acht bis zehn sein). Und dann verknüpfen Sie sie mit den Symbolen: Der erste Freund läuft nachts mit einer brennenden Kerze spazieren, der zweite kommt auf einem grünen Schwan angeflogen, der dritte ... - nun, wahrscheinlich werden Ihnen selbst genügend lustige Szenen einfallen. Und seien Sie auch dankbar dafür, so gute Freunde zu haben! Vielleicht zeigen Sie ihnen bei Gelegenheit dieses Buch und unterstützen sie dabei, ebenfalls ihre Phantasie bewußter und häufiger einzusetzen und so ihr Gedächtnis spielerisch zu Höchstleistungen zu entwickeln.

(Abgesehen davon macht unsere Methode des Gedächtnistrainings auch zu zweit großen Spaß und bringt schnell deutliche Fortschritte!)

Kapitel 3

Der dritte Tag:

Von der Eleganz zur Perfektion

Mit unseren Zahlensymbolen ist das Abspeichern und Wiedererinnern von wichtigen Faktoren im alltäglichen Leben eine elegante Sache geworden, die fast schon von allein funktioniert. Sie werden selbst feststellen, daß Sie, je öfter Sie diese Methode in der Praxis anwenden, um so sicherer und spontaner in der Gestaltung Ihrer Bilder und Assoziationen werden.

Eine Übung, die Sie praktisch nebenher allein oder zu zweit praktizieren können, ist die sogenannte »Blitzlichttechnik«. Dafür brauchen Sie ein wenig Zeit, die rechte Stimmung und - die Fernsehnachrichten. Natürlich können Sie die einzelnen Meldungen mit jeweils einem der Symbole verbinden und sie sich auf diese bereits gewohnte Art einprägen. Schneller und effektiver geht es aber, wenn Sie das entsprechende Zahlensymbol während eines kurzen Augenblicks (zwei bis drei Sekunden genügen bereits) gedanklich in die Meldung ›hineinwerfen‹. Das heißt, Sie sehen in Ihrer Phantasie das Bild (Kerze, Schwan, ...) mitten in einer Szene der entsprechenden Fernsehnachricht auftauchen.

Beispiel: Die Meldungen des Abends sind folgende:
1. Im Parlament wird über eine Steuersenkung diskutiert.
2. Aus einem Gefängnis in Spanien sind drei Häftlinge ausgebrochen.
3. An der Börse ist der Kurs des US-Dollar überraschend gestiegen.

Und so weiter. Zu jeder Meldung gibt es natürlich einen passenden Filmbericht, und in den setzen (oder schneller: schießen) Sie jetzt das entsprechende Symbol hinein:

1. Vor jedem Parlamentarier steht (in Ihrer Phantasie) eine Kerze - damit möglichst bald die große Erleuchtung kommt!
2. Über die Gefängnismauer fliegt (in Ihrer Vorstellung) ein riesengroßer Schwan - vielleicht hat er bei der Flucht geholfen?
3. Mitten in dem Tumult an der Börse steht ein besonders eifriger Börsianer und gestikuliert wie wild mit einem Dreizack...

Sie haben die Idee der ›Blitzlichttechnik‹ sicherlich verstanden; und nun können Sie sie selbst erproben. Nehmen Sie sich die Zeit und sehen Sie die Abendnachrichten in Ruhe an. Falls möglich, zeichnen Sie sie auf eine Videokassette auf, oder vereinbaren Sie mit einem Übungspartner, daß er die wichtigsten Meldungen kurz notiert, während Sie sich diese per ›Blitzlicht‹ einprägen. Anschließend vergleichen Sie. Mit ein wenig Übung und Spaß an der Sache sind Sie schon bald in der Lage, die Nachrichten lückenlos nachzuvollziehen. Am nächsten Abend können Sie die Rollen tauschen, und schon nach kurzer Zeit brauchen Sie nichts mehr zu notieren, weil Sie sich ja bei der anschließenden Kontrolle gegenseitig ergänzen können!

Und wenn Sie so weit sind, nehmen Sie sich auch die Nachrichten im Radio vor. Hier müssen Sie die ›Filmberichte‹ zu den einzelnen Meldungen in Ihrer Phantasie selbst gestalten; doch machen Sie sich keine Sorgen: Ein lebendiges, eindrucksvolles Bild pro Meldung genügt schon, und in dieses Bild projizieren Sie dann einfach Ihr Symbol hinein - und schon werden Sie genauso sicher sein wie bei den Fernsehnachrichten.

Mit ein klein wenig Phantasie können Sie Ihre Begeisterung für das Gedächtnistraining mit anderen teilen und die Übungen gemeinsam machen. Sie können sich gegenseitig neue Aufgaben stellen oder (wie bei der letzten Übung) die Lösungen kontrollieren. Machen Sie, wenn möglich, auch einmal die nächste Übung zu zweit: Sie und Ihr Partner prägen sich diese »Checkliste für den Arbeitsstart« unabhängig voneinander ein, das heißt, jeder macht sich im Stillen seine eigenen Gedanken und Verknüpfungsbilder. Anschließend prüfen Sie gegenseitig, ob Sie sich noch an alles erinnern können:

»Checkliste für den Arbeitsstart«:
1. Habe ich meinen Schreibtisch aufgeräumt?
2. Welchen Vorgang muß ich zuerst bearbeiten?
3. Sind alle notwendigen Unterlagen verfügbar?
4. Was muß ich noch beschaffen?
5. Sind noch Telefonate zu führen?
6. Muß ich noch mit anderen Mitarbeitern sprechen?
7. Muß ich die Aufgabe eventuell in einzelne Schritte zerlegen?
8. Wann will oder soll ich mit der Aufgabe fertig sein?
9. Wo habe ich noch Reservezeiten eingebaut?
10. Was hindert mich eigentlich, sofort anzufangen?
    (In Anlehnung an: Günther Feyler, *140 Checklisten*, S.132f.)

Hinterher ist es sicherlich auch interessant für Sie und Ihren Partner, über Ihre jeweiligen Bildverknüpfungen zu sprechen: Zwei Menschen haben mehr Phantasie als einer. Doch denken Sie bitte nicht, daß die eine Verknüpfung vielleicht besser und die andere schlechter ist: Für jeden ist seine persönliche Verknüpfung die allerbeste, weil sie ja seiner eigenen Phantasie entstammt. Eine fremde Bild-Idee wäre von außen künstlich aufgesetzt und als solche garantiert nicht so gut geeignet, das Gespeicherte auch wieder zuverlässig abzurufen.
Ihre eigenen lebendigen Bildverknüpfungen sind die besten!

Sie können jetzt, ob allein oder zu zweit, noch einen Schritt weiter gehen und sich einmal fragen, welcher Tip für die Arbeitsgestaltung denn zum Beispiel an sechster Stelle gestanden hat. Wissen Sie es noch? Sie haben diesen Punkt mit dem Elefanten verknüpft - richtig: die Frage nach dem Gespräch mit anderen Mitarbeitern. Oder an zweiter (achter, vierter) Stelle? Sie merken sofort, daß es Ihnen überhaupt nicht schwerfällt, von der ursprünglichen Aufzählung abzuweichen und die Punkte auch in einer anderen Reihenfolge flexibel zu rekapitulieren. Das verdanken Sie den Zahlensymbolen; und diese flexible Abrufbarkeit hat unschätzbare Vorteile:

Stellen Sie sich vor, Sie müssen eine Rede halten. Sie notieren sich die wichtigsten Stichworte und numerieren sie durch. Dann prägen Sie sich dieses Gerüst mit Hilfe der Zahlensymbole zuverlässig ein, so daß Sie beim Vortrag auf Ihr Manuskript verzichten können. Und nun stellen Sie sich vor, Sie werden beim Vortrag an einer wichtigen Stelle unterbrochen, Sie gehen auf Zwischenfragen ein, Sie ziehen einen Teil Ihrer Rede vor, der erst später eingeplant war - und Sie haben kein Manuskript in der Hand, um den Faden wiederzufinden. Doch das ist mit den Symbolen überhaupt kein Problem für Sie, denn

1. Sie können dank der Reihenfolge der Symbole jederzeit an der Stelle wieder einsetzen, an der Sie unterbrochen wurden, und dort mit Ihrer Argumentation fortfahren;

2. Sie können jederzeit einen beliebigen Punkt Ihrer Argumentationskette vorziehen;

3. Sie laufen dank der zuverlässigen Numerierung auch nicht Gefahr, einen Punkt zu wiederholen.

Sie lassen sich also sicher und souverän von der Symbolreihe leiten, und da jedes Symbol zuverlässig mit einem Ihrer Argumente verknüpft ist, werden Sie weder eines vergessen noch doppelt nennen. Sie sehen selbst:
Die Zahlensymbole sind ein zuverlässiges Gerüst für alle möglichen Arten von Aufgaben!

Nun sind Sie wieder an der Reihe: Machen Sie eine Aufstellung der Bücher, die in Ihrem Leben eine wichtige Rolle gespielt haben oder noch spielen, und sortieren Sie sie nach ihrer Bedeutung:

1. _____
2. _____
3. _____
4. _____
5. _____
6. _____
7. _____
8. _____
9. _____
10. _____

Diese zehn Bücher prägen Sie sich jetzt bitte mit Hilfe der Zahlen-symbole gut ein. Während Sie sich überlegen, welche Bücher zu die-ser Liste dazugehören, werden Ihnen automatisch der Inhalt und die wichtigsten Grundgedanken der einzelnen Werke wieder durch den Kopf gehen; und das ist eine gute Auffrischung von alten Werten. Je mehr Sie nämlich darauf achten, daß Sie sich möglichst positiven Ein-flüssen aus Ihrer Umgebung aussetzen, um so erhabener werden Ihre eigenen Gedanken und Einfälle sein. Sie sollten also in nächster Zeit auch darauf achten, was Sie sich im Fernsehen anschauen, welche Bücher Sie lesen, mit welchen Menschen Sie sich umgeben. Besorgen Sie sich Lebensbeschreibungen von Menschen, die Ihnen imponieren, zum Beispiel Albert Schweitzer, Johann Wolfgang von Goethe, Robert Schumann und andere; sehen Sie sich erbauliche Filme oder gute Re-portagen an; verbringen Sie Ihre Zeit mit interessanten Menschen, von deren Wissen und Erfahrungen Sie profitieren können. Wenn Sie so be-wußt auch auf diese Aspekte in Ihrer Lebensgestaltung achten, werden sich die Faktoren, die die Entwicklung Ihrer Phantasie und Kreativität fördern, schon bald gegenseitig aufs Beste ergänzen.

Doch zurück zu den Büchern. Welche Titel stehen denn nun auf Ih-rer persönlichen Bestseller-Liste? Wir wollen es Ihnen nicht zu einfach machen, deshalb fragen wir sie mit vertauschter Reihenfolge ab:

4. _____

7. _____

3. _____

9. _____

1. _____

5. _____

10. _____

8. _____

2. _____

6. _____

Sicherlich hat es Ihnen kaum noch Mühe gemacht, die Buchtitel vollständig zu rekapitulieren - vorausgesetzt, Sie haben sie vorher in lustigen kleinen Geschichten mit dem entsprechenden Symbol verknüpft.

Falls Ihnen der eine oder andere Titel entfallen ist, gehen Sie noch einmal zurück, und stellen Sie sich ganz konzentriert zu jedem Buch eine kleine Szene mit dem dazu passenden Symbol vor. Malen Sie diese Szenen in Ihrer Phantasie bunt an, und erschaffen Sie Spaß und Bewegung; dann werden Sie sich um so besser daran erinnern können. Versuchen Sie zunächst, die Titel in der normalen Reihenfolge wiederzugeben. Wenn Ihnen das gelingt, können Sie anschließend variieren und die obige Übung wiederholen.

Zum Abschluß dieses Kapitels dürfen Sie wieder eine Auswahl treffen: Wir stellen Ihnen dreißig Fernsehsendungen vor, aus denen Sie nach Ihren eigenen Kriterien bitte zwanzig aussuchen. Wenn Sie möchten, dürfen Sie sie auch noch ordnen; anschließend versuchen Sie, sich alle zwanzig Sendungen einzuprägen. Hier müssen Sie Ihre Phantasie einsetzen: Sie haben ja nur zehn Symbole zur Verfügung. Aber wir haben Ihnen ja bereits den Tip mit den Farben verraten: Die ersten zehn Symbole sind rot, die nächsten zehn blau oder umgekehrt (oder völlig anders) - nehmen Sie die Farben, die Ihnen angenehm sind. Aber bitte vermischen Sie sie nicht: Die ersten zehn Sendungen sollten ein Symbol in der gleichen Farbe bekommen und die nächsten zehn ebenfalls. Versuchen Sie es einfach! Es ist leichter, als es sich zunächst anhört.

Hier sind also die Sendungen, die zur Wahl stehen:

1. Wirtschaftstelegramm
2. Marienhof
3. Glücksrad
4. Magnum
5. Ein Heim für Tiere
6. Tatort
7. Tagesthemen
8. Bonanza
9. Die Schlümpfe
10. Markt im Dritten
11. Münchner Runde
12. Reich und schön
13. Lindenstraße
14. Rundschau
15. Alles Nichts, oder?
16. Globus
17. Boulevard Bio
18. Pleiten, Pech und Pannen
19. Ein Fall für zwei
20. Frontal
21. Die Straßen von San Francisco
22. Deutschland heute morgen
23. Nachtjournal
24. Gesundheit!
25. Die Nacht der Stars
26. Das Wort zum Sonntag
27. Dalli Dalli

28. Das Millionenspiel
29. Das aktuelle Sportstudio
30. Columbo

Wählen Sie also aus dieser Liste zwanzig Sendungen, speichern Sie sie ab, und dann nehmen Sie sich ein Blatt Papier und testen, an wie viele dieser Sendungen Sie sich noch erinnern können. Bei fünfzehn oder mehr Richtigen können Sie sich gratulieren: Sie haben schon sehr viel erreicht!

Suchen Sie selbst in Ihrem Alltag immer wieder Beispiele, mit denen Sie ›spielend‹ weitertrainieren können. Auch wenn Sie zu zweit üben, finden Sie überall Gelegenheit: Sie können sich die Bundesligatabelle merken oder die Bestsellerliste aus der Zeitung, die wichtigsten Ereignisse vom Büroalltag oder die Liste mit den geplanten Weihnachtsgeschenken für die Familie, die Vorteile eines Ferienaufenthaltes in den Bergen oder die Namen der Schulfreunde Ihrer Kinder - die Möglichkeiten für den Einsatz der Zahlensymbole sind unbegrenzt.

(Im Anhang werden für Fortgeschrittene die Symbole von 11 bis 100 vorgestellt und eine Reihe weiterer Übungsmöglichkeiten angeboten.)

Hauptteil 2

Nennt uns nicht bloß Magier oder Zauberer; Märchenerzähler wäre genau richtig.

Siegfried und Roy (»Meister der Illusion«)

Kapitel 1

»Die heilende Kraft der Bilder«

Unter dieser Überschrift wurde im November 1996, also zur Entstehungszeit dieses Buches, ein Artikel in der Illustrierten »*TV Hören und Sehen*« veröffentlicht, der sich ausführlich damit befaßt, inwieweit Bilder aus der Natur den Körper und die Seele ins Gleichgewicht bringen können. So hängen zum Beispiel besonders schöne Naturaufnahmen des Fotografen Sigurd Elert auf der chirurgischen Station des Krankenhauses Hanau, in der Praxis des naturheilkundlich orientierten Arztes Dr. Peter Scholz in Uslar und im Albert-Schweitzer-Familienwerk, ebenfalls in Uslar. Hier haben alleinstehende Jugendliche ein neues Zuhause gefunden, wo sie Arbeit und Ausbildung in vielen Bereichen erhalten. Für sie ist « ... eine friedliche Atmosphäre (...) besonders wichtig. Deshalb hängen hier Bilder von ungewöhnlicher Kraft: Bäume, Wasserfälle, Bäche - Landschaften aus den letzten Urwäldern Europas.«

(Aus: *TV Hören und Sehen* Nr. 47 vom 15.11.1996; Heinrich Bauer Verlag KG Hamburg, S.5)

Sigurd Elert, der diese Bilder gemacht hat, hat deren heilende Wirkung am eigenen Leib erfahren: »Nachdem ich fünf Jahre lang Fotos von der Zerstörung unserer Umwelt aufgenommen hatte, wurde ich von meinen eigenen Fotos krank. Seitdem fotografiere ich nur noch

Motive, *die die Lebensenergie des Betrachters stärken sollen.* Nach meinen Erfahrungen sind es harmonische Fotos aus möglichst ursprünglicher Natur, die die stärksten Wirkungen zeigen.«

(Aus dem Prospekt der Edition Pegasos zu den Bildern von Sigurd Elert)

Viele Zeitschriften berichteten mittlerweile über seine Bilder, und sogar das ZDF zeigte einen Film dazu. Überall haben die Naturaufnahmen dieselbe Wirkung: Wer sie betrachtet, findet zu innerer Ruhe und Gelassenheit; seine Lebensenergie wird meßbar höher. Und alles, was uns seelisch aufbaut, trägt auch dazu bei, das Abwehrsystem unseres Körpers zu stärken. So wirkt sich das Betrachten dieser »Fotos zur Harmonisierung von Körper und Seele« (S. Elert) auch positiv auf die Thymusdrüse aus, die uns vor Infektionen, Krebs und chronischen Krankheiten schützten kann. Während seelischer und körperlicher Streß ihre Leistungsfähigkeit beeinträchtigt und infolgedessen die Anfälligkeit für Krankheiten steigt, können wir die Arbeit der Thymusdrüse einfach dadurch unterstützen, daß wir mit Hilfe schöner Erlebnisse und positiver Empfindungen regelmäßig auftanken - und dazu gehört auch das Betrachten von harmonischen Bildern. Wir haben für Sie auf den folgenden Seiten ein paar Beispiele solcher Fotos abgedruckt.

Sogar bei der Behandlung von Krebs werden diese Fotos zur Unterstützung des Heilungsprozesses eingesetzt, ohne daß dabei auf die notwendige medizinische Behandlung verzichtet wird:

»Gerade im Kampf gegen den Krebs ist es wichtig, Körper *und* Seele des Menschen miteinzubeziehen und seine Selbstheilungskräfte zu stärken.«

(Aus: *TV Hören und Sehen* Nr. 47, S.6)

Auch ein vierzigjähriger Finanzberater, der lange Zeit schwer herzkrank und drei Jahre lang medikamentenabhängig war, verdankt seine

Genesung zum großen Teil einem Bild: Sein Arzt verordnete ihm das Foto »Herbstsonne« - und schon das regelmäßige Betrachten dieses farbenfrohen Kunstwerks aktivierte offensichtlich die Selbstheilungskräfte seines Körpers so stark, daß die Krankheitssymptome nach und nach verschwanden.

Bilder helfen also, Lebensängste und Spannungen abzubauen und die Harmonie von Körper, Geist und Seele zu fördern: »Dabei ist es egal, ob ich mich in ein Bild vertiefe oder es in meiner Umgebung aufhänge. Denn Bilder (...) sind im Zusammenspiel aus Farbe und Form eine Sinfonie aus reiner Schwingungsenergie, die wir nicht nur mit den Augen, sondern auch über die Haut aufnehmen. Wir merken selbst, mit welchen Bildern wir uns wohlfühlen.« (S.7). Der nächste Schritt ist logisch: Es entsteht der Wunsch, diese ›Kraftplätze‹ direkt in der Natur zu erleben: »Bilder aus der Natur können helfen, gesund zu bleiben und gesund zu werden. Doch eines können sie nicht: das Erlebnis in der Natur ersetzen.« (S.6).

Bereits in den siebziger Jahren wurde wissenschaftlich untersucht, welchen Einfluß die Bilder, die sich in unserer unmittelbaren Umgebung befinden, auf unsere Lebensenergie haben. Der amerikanische Arzt Dr. John Diamond machte eine Reihe von Versuchen im New Yorker »Metropolitan Museum of Art« und fand dabei heraus, daß die meisten seiner Testpersonen auf negative Bilder mit einem deutlichen Absinken der Lebensenergie reagierten (veröffentlicht in seinem Buch *Der Körper lügt nicht*). *Umgekehrt konnten schöne, harmonische Bilder das innere Gleichgewicht stabilisieren und Ruhe und Lebensfreude fördern.*

In der intensiven Betrachtung eines solchen Bildes, in der konzentrierten Aufmerksamkeit, ja fast schon Versenkung, liegt eine große Chance: Wir lösen uns vom Alltag mit seinen Problemen, wir gewinnen die notwendige Distanz, um wenigstens für ein paar Minuten abzuschalten. Und so manches Mal finden wir genau auf diesem Weg eine Lösung für eine

Frage, die uns vorher fast schon bis zur Verzweiflung beschäftigt hat. Die meditative Betrachtung eines Bildes ist eine unschätzbare Quelle für die Harmonisierung von Verstand und Gefühl, Geist und Seele, Innen und Außen. Der Nutzen einer solchen Versenkung (Vorstufe zur Meditation) wird treffsicher von Hermann Hesse in seinem *Glasperlenspiel* beschrieben:

»Je mehr wir von uns verlangen, oder je mehr unsere jeweilige Aufgabe von uns verlangt, desto mehr sind wir auf die Kraftquelle der Meditation angewiesen, auf die immer erneute Versöhnung von Geist und Seele. Und je intensiver eine Aufgabe uns in Anspruch nimmt, uns bald erregt und steigert, bald ermüdet und niederdrückt, desto leichter kann es geschehen, daß wir diese Quelle vernachlässigen, so wie man beim Verbohrtsein in eine geistige Arbeit leicht dazu neigt, den Körper und seine Pflege zu vernachlässigen. Die wirklich großen Männer der Weltgeschichte haben alle entweder zu meditieren verstanden oder doch unbewußt den Weg dorthin gekannt, wohin Meditation uns führt. Die andern, auch die begabtesten und kräftigsten, sind alle am Ende gescheitert und unterlegen, weil ihre Aufgabe oder ihr ehrgeiziger Traum so von ihnen Besitz ergriff, sie so besaß und zu Besessenen machte, daß sie die Fähigkeit verloren, sich immer wieder vom Aktuellen zu lösen und zu distanzieren.«

(Zitiert nach: Hans-Ulrich Rieker, *Ich lerne Yoga*, Fackelverlag, Stuttgart 1959. S.81)

Als Schlüssel zu einem solchen Einstieg in die Meditation, zur tieferen und bewußteren Erschließung der schlummernden Kräfte Ihrer ›Innenwelt‹, können Sie auch das Denken in Bildern einsetzen, wie Sie es bereits im ersten Teil des Buches ausgiebig geübt haben. Ferner dient das regelmäßige Visualisieren als Einstieg zur besseren Konzentration und Kontemplation. Das Bilderdenken hilft uns, das gesamte Gefühlsspektrum unseres Lebens wiederzubeleben. Es eröffnet eine neue und buntere Welt. Was wir uns in Bildern vorstellen, erfassen wir schneller, begreifen wir rascher, durchschauen wir leichter.

Übung:

Visualisieren Sie einmal vor dem Einschlafen eine Reihe von Bildern aus Ihrem letzten Urlaub. Sie werden feststellen, daß mit der intensiven Vorstellung von Urlaubsbildern auch die dazugehörigen Urlaubs-Empfindungen zurückkehren. Mit dieser Übung gelingt es Ihnen gerade abends sehr gut, den Alltag loszulassen, die allzu betriebsame Tages-Welt wie ein Vogel zu überfliegen und sich aus dieser Distanz innerlich davon zu lösen. Tauchen Sie ein in eine Oase der Ruhe, in eine Quelle der Kraft; schalten Sie einfach um!

Umschalten ist sowieso leichter als Abschalten. Richten Sie ihre Gedankenwelt auf etwas Positives, Erbauliches, und Sie werden eine innere Welt der Regenerierung entdecken. Sie verstehen aus der Distanz die Schwerpunkte Ihres eigenen Lebens viel besser, und weil Sie im Augenblick auch deutlich weniger im Alltag verhaftet sind, können Sie ihre aktuelle Position im Leben klarer beurteilen.

Eine halbe Stunde am Tag sollten Sie regelmäßig erübrigen, um die übertriebene Bedeutung des Tagesgeschehens loszulassen und bewußt einzutauchen in diese faszinierende Sphäre der Körpervergessenheit, die wir sonst nur unbewußt im Traum erleben. Dann können Sie aus dieser entrückten Perspektive neue und bessere Schwerpunkte für Ihren Alltag setzen.

Den hohen Wert eines bildhaft-visuell geschulten Gedächtnisses haben auch große Forscher schon erkannt. So hat zum Beispiel der berühmte Schweizer Psychologe C. G. Jung ein System des Übens geschaffen, das er aktive Imagination nannte. Mit den eben geschilderten Phantasiereisen, die Sie sich anfangs aus Urlaubsszenen und Erinnerungs- und Erlebnisbildern selbst zusammenstellen können, haben Sie einen leicht nachvollziehbaren Einstieg zu solchen Methoden. Wenn Sie dann immer tiefer in Ihre innere Welt versinken und gleichzeitig Ihre bewußte Wahrnehmung von der äußeren Welt ablösen, können Sie von Ihren eigenen Erinnerungen zu schönen Naturbildern übergehen. Denken Sie zum Beispiel an die Pracht eines Sonnenauf- oder -untergangs, an eine Hängematte am Strand oder an einen ruhigen Platz auf einem einsamen Berggipfel; von hier können Sie auf das Land hinabschauen und die Abgehobenheit und innere Stille ganz intensiv in Ihrem Innersten spüren, bevor Sie sich der Nachtruhe hingeben.

Gerade um die Zeit des Sonnenauf- oder -untergangs läßt sich im Einklang mit der Natur der innere Ruhepol leicht ausfindig machen; wie überhaupt vieles leichter geht, wenn man versucht, sich den Rhythmen der Natur anzugleichen. Die wechselnden Gleichgewichte im Naturgeschehen wie zum Beispiel Sommer/Winter, Tag/Nacht und so weiter können uns Zeichen sein für ein bewußtes Ausbalancieren von einander widersprechenden Bereichen: Auch zwischen Beruf *und* Privatleben muß eine wechselnde Balance bestehen, die sich nicht zu Lasten der einen Seite verschieben darf; Innen- *und* Außendienst einer Firma müssen gleichermaßen funktionieren und beachtet werden, Einkünfte und Ausgaben sollten sich die Waage halten. Sicherlich fallen Ihnen noch mehr solche Beispiele ein. Betrachten Sie das dahinterstehende Prinzip und überprüfen Sie, ob Sie es in Ihrem Leben auch konsequent anwenden.

Eine schöne Schilderung von einer Meditation in der Abenddämmerung finden wir bei Paul Brunton (*Von Yogis, Magiern und Fakiren. Begegnungen in Indien*, Knaur Esoterik, München 1983):
»Mit dem Einbruch der Dämmerung kommt die Zeit für eine gemeinschaftliche Meditation in der Halle. Nicht selten gibt der Maharischi (= der große Weise, Anm. des Autors) das Zeichen dafür, indem er so unauffällig, daß es häufig gar nicht beachtet wird, in die tranceähnliche Abstraktion versinkt, bei der er seine Sinne gegen die Außenwelt abschließt. Während dieser täglichen Meditationen in der Nähe des Weisen habe ich gelernt, wie man mit seinen Gedanken immer tiefer in sein Inneres dringt. (...) Und in solchen Augenblicken geht mir auch

auf, warum die Stille dieses Mannes bedeutsamer ist als seine Worte. Hinter seiner ruhigen, gelassenen Haltung verbirgt sich eine dynamische Kraft, die, ohne das Mittel der Sprache oder eine sichtbare Handlung, einen Menschen mächtig beeinflussen kann.« (S.341)

Suchen auch Sie sich in den nächsten Wochen bewußt Zeiten der Entspannung und erschaffen Sie ›traumhafte‹ Bilder und Visionen. Erobern Sie sich Ihr verlorengegangenes Innenleben zurück, und Sie werden erkennen, daß auch Ihr Alltagsleben wieder farbiger, harmonischer und beschwingter sein wird. Schon bald werden Sie spüren, daß Sie wieder tief und ruhig in sich selbst verwurzelt sind.

Je mehr Sinne Sie zum Beispiel in ein imaginäres Urlaubs- oder Entspannungserlebnis integrieren können, um so intensiver wird Ihre Vorstellung sein:

Hören Sie das Plätschern der Meereswellen und den Schrei der Möwen,

schmecken Sie die salzige Luft auf den Lippen,

riechen Sie den Geruch der Algen -

und machen Sie sich bewußt, daß Sie auf diese Art jede Stimmung Ihres bisherigen Lebens durch intensive Visualisierung wieder abrufen können. So erhalten Sie eine größere Selbst-Verfügbarkeit Ihrer Gefühle, Ihres Bewußtseins und Ihrer Gedanken. Das ist eine wichtige Voraussetzung dafür, den Stürmen des Lebens gewappneter begegnen zu können!

Und damit Sie über diesen interessanten Gedankengängen nicht vergessen, fleißig mit den Symbolen weiterzuüben, stellen wir Ihnen nun eine »Checkliste für einen glücklichen Tag« vor. Mit ihrer Hilfe können Sie sich immer wieder in eine positive, erbauliche Stimmung versetzen und so den Tag mit allen Ihnen zur Verfügung stehenden Kräften aktiv erleben:

1. Habe ich den Tag positiv eingestimmt und mit frohem Ausblick begonnen?

2. Habe ich in aller Ruhe gefrühstückt und dabei optimistisch an den vor mir liegenden Tag gedacht?
3. Habe ich mich liebevoll von meinem Partner / meinen Kindern verabschiedet?
4. Habe ich mich zu Hause bewußt und diszipliniert verhalten?
5. Habe ich Verständnis für die Sorgen und Nöte meines Partners / meiner Partnerin aufgebracht?
6. Habe ich meinem Partner auch bei unterschiedlicher Auffassung echte Wertschätzung entgegengebracht?
7. Habe ich während des Tages öfter einmal an meinen Partner und unsere Kinder gedacht?
8. Habe ich bei Meinungsverschiedenheiten klar meine Auffassung zum Ausdruck gebracht und dabei auch Verständnis für die Denkweise meines Gesprächspartners bewiesen?
9. Habe ich den Tag rückblickend noch einmal ›bilanziert‹ und darüber mit meinem Partner gesprochen?
10. Bin ich mit positiven Zukunftsvorstellungen und in Dankbarkeit für den gelebten Tag eingeschlafen?

(In Anlehnung an: Günther Feyler, *140 Checklisten*, S.34f.)

Lesen Sie sich diese Richtlinien in Ruhe durch. Falls Sie sich mit der einen oder anderen Frage nicht anfreunden können, ersetzen Sie sie einfach durch eine eigene Idee, die für Sie dazu beitragen könnte, Ihren Tag freundlicher und bewußter zu gestalten. Danach speichern Sie sich Ihre zehn Fragen zusammen mit den zehn Symbolen ab - und testen Sie in den nächsten Tagen immer wieder einmal, ob Sie sich noch an alle zehn Punkte erinnern können!

Wahrscheinlich werden Sie ganz nebenher den einen oder anderen Tag bewußter und harmonischer erleben - dank der Fragen, die Ihnen helfen, auf Aspekte zu achten, die sonst im Alltag allzuleicht untergehen, die aber wichtig sind, um im eintönigen Ablauf der Zeit immer wieder kleine ›Highlights‹ zu setzen...

Wir stellen Ihnen an dieser Stelle noch einen sehr schönen, wenn auch nicht ganz leichten Meditationstext aus den *Hymnen* von Abhenavagupta vor, den Sie sich in einer ruhigen Minute einmal durchlesen können:

»Dieses Eine, dessen Wesen immerwährendes Licht aller Klarheiten und Dunkelheiten ist, und in dem auch Klarheit und Dunkelheit ruhen, ist der Höchste selber, die allen Wesen eingeborene Natur; die Vielzahl der Dinge ist nichts anderes als seine erhabene Energie.

Und diese Energie zeigt sich nicht als von dem Wesen dessen, der sie besitzt, getrennt. Dieses Eine ist immerwährende Einheit der beiden, wie die des Feuers mit seiner Eigenschaft des Brennens.«

Bezugsadresse der Bilder von Sigurd Elert:

Edition Pegasos
S. Elert / A. Krumnow
Weredunstr. 1a
37688 Beverungen-Wehrden
Tel. 05273/6514   FAX 22314

Imagination ist wichtiger als Information.

Albert Einstein

Kapitel 2

Die innere Traumlandschaft

Sie haben es bei der Übung mit den Urlaubserinnerungen bestimmt schon bemerkt: Während Sie vor Ihrem inneren Auge harmonische Bilder entstehen lassen und sich in diese Traumlandschaft hineindenken, werden automatisch auch Ihre Gefühle und Empfindungen ruhiger und weicher. In dieser Distanz vom Alltag können Sie neue Kraft tanken und auf kreative Ideen stoßen. Wir wollen nun diesen Ansatz noch ein Stück weiterführen und stellen Ihnen eine Methode von Kurt Tepperwein vor, mit der er in seinem Buch *Geistheilung durch sich selbst* (Goldmann TB 11738) einen »geistigen Entspannungsort« erschafft. Der tägliche Aufenthalt an diesem imaginären Ort sei »ein richtiger ›Urlaub für die Seele; denn an diesem Ort sind Sie der Herr und Meister. Alles richtet sich nach Ihren Wünschen.« (Tepperwein S.21)

Als erstes dürfen Sie diesen Ort nach Ihrem Belieben gestalten. Denken Sie an einen Platz, der Ihnen gut gefällt. Das kann ein schönes Zimmer in Ihrer Wohnung oder Ihrem Haus sein, eine Stelle an einem munteren Wildbach oder am Ufer eines tiefen Bergsees, eine Düne an der Meeresküste oder eine lauschige Waldlichtung. Es spielt keine Rolle, ob dieser Ort wirklich existiert oder ob Sie ihn in Ihrer Phantasie erfinden. Wichtig ist nur, daß Sie ihn bis in die Einzelheiten ausgestalten, so daß er Ihnen wirklich voll und ganz zusagt. Es sollte ein Ort voller Frieden und Harmonie sein, an dem Sie sich rundum wohl fühlen; Sie sollten Ihren Entspannungsort *lieben*.

Deshalb nehmen Sie sich die Zeit, diesen Ort bewußt und gründlich einzurichten! Schließen Sie Ihre Augen und stellen Sie sich diesen Ort mit allen Sinnen vor: Gestalten Sie ihn mit Farben und Formen, *sehen* Sie sich auf Ihrem inneren Bildschirm Varianten an. *Hören* Sie die Geräusche dieses Ortes - wo kommen sie her? *Riechen* Sie, was es dort zu riechen gibt; *schmecken* Sie, wenn es etwas zu schmecken gibt. *Fühlen* Sie die Erde, die Natur, Pflanzen, Wasser, Luft, was auch immer, und kreieren Sie sich auf diese Art ein immer genaueres Bild von Ihrem Entspannungsort.

Ein Beispiel: Sie stellen sich eine sonnige Wiese an einem munter plätschernden Bergbach vor. Schon sehen Sie vor Ihrem inneren Auge das Panorama der Berggipfel im Hintergrund, das helle Licht, das Grün der Wiese, den Schaum auf den Wellen. Sie spüren die warmen Sonnenstrahlen auf der Haut, hören das Glucksen des Wassers und riechen oder schmecken vielleicht sogar die würzige Luft. Wenn Sie nun diese Szene noch intensivieren wollen, fragen Sie sich, was es dort noch alles zu sehen, zu hören, zu spüren gibt. Versetzen Sie sich hinein in diese Landschaft: Laufen Sie in Gedanken einmal quer durch den Bach und spüren Sie, wie kalt das Wasser ist; dann setzen Sie sich auf einen mit Moos bewachsenen Baumstumpf und fühlen, wie die Sonnenstrahlen Ihre Füße wieder trocknen. Seien Sie erfinderisch mit Farben und Formen, ›er-leben‹ Sie Ihren Kraftort und geben Sie dem Bild alle nötigen Details, damit Sie sich am Ende dort rundum wohl fühlen können.

Und schließlich prägen Sie sich das Bild von Ihrem selbstgeschaffenen Entspannungsort in diesen Einzelheiten genau ein. Hier kommt Ihnen natürlich wieder Ihr Gedächtnistraining zugute: Mit dem phantasievollen Bilderdenken, das Sie ja schon intensiv geübt und weiterentwickelt haben, wird es Ihnen ein Leichtes sein, sich auch später noch an die Einzelheiten zu erinnern. Halten Sie das Bild Ihres geistigen Rückzugsortes innerlich so gut fest, daß Sie jederzeit in entspanntem Zustand genau dorthin zurückkehren können, um Ihre inneren Kraftreserven wieder aufzutanken.

Viele bekannte Persönlichkeiten aus der Geschichte hatten einen solchen ›inneren Zufluchtsort‹, an dem sie sich vom Alltag zurückziehen und neue Energie schöpfen konnten:

»... so haben doch die meisten schöpferischen Genies ihre größten Werke in einem Zustand der Entspannung geschaffen, indem sie die Macht ihres Unterbewußtseins nutzten. Thomas A. Edison beispielsweise gönnte sich tagsüber immer Phasen der Ruhe, doch die Zahl seiner Erfindungen trug ihm den Namen ›Zauberer von Menlo-Park‹ ein. Wolfgang Amadeus Mozart spielte zur Entspannung Billard, und dabei fielen ihm viele seiner schönsten Melodien ein. James Watt entdeckte das Geheimnis der Dampfkraft, während er scheinbar untätig einen Wasserkessel beobachtete. (...) Täglich lesen wir von Menschen, die mit Hilfe ihrer Vorstellungskraft Lösungen für scheinbar unlösbare Probleme finden.«

(Aus: Patricia Mischell, *Denk' positiv!*, Goldmann Verlag München, 1986, S.84)

Der eben erwähnte Erfinder Edison hatte, wenn es um Entspannung ging, offensichtlich eine ähnliche Methode wie Tepperwein:

»Besonders Edison hat oft betont, daß er die Fülle seiner immer neuen Ideen, die ihm eine Unzahl von Patenten einbrachten, der Technik der Flucht an seinen geistigen Entspannungsort verdankte. Immer wenn ein Problem unlösbar war und er nicht weiterkam oder wenn er am Ende seiner Kräfte war, begab er sich an diesen geistigen Entspannungsort, und schon nach wenigen Minuten war er wieder voll neuer Kraft und hatte meist auch eine Idee, wie man ein gestelltes Problem lösen konnte.«

(Tepperwein S.20)

Wie begibt man sich nun an diesen *geistigen Entspannungsort,* wie Tepperwein ihn nennt? Dafür gibt es verschiedene Methoden; wichtig ist vor allem, daß Sie sich völlig entspannen. Wenn Sie autogenes Training beherrschen, können Sie danach vorgehen; wenn Sie schon nach Silva gearbeitet haben, benutzen Sie seine Methode. Es kommt darauf an, daß Sie den sogenannten Alpha-Zustand erreichen, in dem Ihr Gehirn statt mit den sonst üblichen 14 bis 21 Hertz (›Beta-Frequenz‹) nur noch mit 7 bis 13 Hertz (›Alpha-Frequenz‹) arbeitet:

»Durch die Änderung der Gehirnstromfrequenz geraten Sie auf eine andere geistige Ebene, auf der Sie in direktem Kontakt zu Ihrem Unterbewußtsein stehen.« (Tepperwein S.25)

Um den Alpha-Zustand zu erreichen, sollten Sie auf jeden Fall eine Entspannungsmethode praktizieren, die Ihnen sympathisch ist und mit der Sie gut zurechtkommen. Im Zweifelsfall probieren Sie mehrere Arten aus und entscheiden sich dann für eine davon, doch anschließend sollten Sie nicht mehr allzuoft wechseln. Je öfter Sie mit einer bestimmten Technik arbeiten, um so vertrauter wird sie Ihnen und um so schneller werden Sie sich damit entspannen können.

Tepperwein schlägt die folgende Methode vor:

- »Wann immer Sie zu Ihrem geistigen Entspannungsort gehen möchten, setzen oder legen Sie sich zuerst bequem hin. Ziehen Sie Ihre Schuhe aus, öffnen Sie enge Kleidung und entspannen Sie völlig.
- Atmen Sie ruhig, gleichmäßig und tief und schließen Sie nun auch die Augen. Sorgen Sie dafür, daß Sie durch nichts gestört werden und lassen Sie Ihre Augen bis zum Ende der Übung geschlossen.
- Atmen Sie tief ein. Und während Sie ausatmen, stellen Sie sich die Zahl SIEBEN und die Farbe ROT vor.
- Entspannen Sie dabei Ihren Kopf - zunächst die Kopfhaut, die Stirn und dann die Augenbrauen, die Ohren, das Kinn. Und lassen Sie auch die kleinen Muskeln um die Augen und den Mund locker - las-

sen Sie los und spüren Sie, wie Ihr ganzer Kopf und Ihr Gesicht sich entspannen.

- Atmen Sie dann wieder tief ein. Und während Sie ausatmen, stellen Sie sich die Zahl SECHS und die Farbe ORANGE vor.
- Entspannen Sie dabei Ihren Oberkörper - lassen Sie Ihre Schultern und Arme fallen und entspannen Sie dann Ihr Herz, Ihre Lungen und das Zwerchfell. Spüren Sie, wie Ihr ganzer Oberkörper sich entspannt und völlig locker wird.
- Atmen Sie wieder tief ein. Und während Sie ausatmen, stellen Sie sich die Zahl FÜNF und die Farbe GELB vor.
- Entspannen Sie dabei Ihren Bauch und die Beine bis zu den Füßen. Spüren Sie deutlich, wie sich alle Muskeln lockern. Ihr Körper ist nun völlig entspannt, alle Muskeln sind locker, und Ihre Nerven sind völlig gelöst.
- Atmen Sie wieder ganz tief ein. Und während Sie ausatmen, stellen Sie sich die Zahl VIER und die Farbe GRÜN vor.
- Entspannen Sie nun auch Ihren Geist - versuchen Sie aber nicht, Ihre Gedanken zu verdrängen. Lassen Sie diese kommen und gehen. Hängen Sie ihnen nicht nach, sondern lassen Sie sie vorüberziehen und verwehen.
- Atmen Sie wieder ganz tief ein. Und während Sie ausatmen, stellen Sie sich die Zahl DREI und die Farbe BLAU vor.
- Spüren Sie, wie sich Ihr Geist mehr und mehr entspannt, wie die Gedanken verwehen und wie Sie geistig immer ruhiger und ruhiger werden.
- Atmen Sie dann wieder ganz tief ein. Und während Sie ausatmen, stellen Sie sich die Zahl ZWEI und die Farbe LILA vor.
- Ihr Geist wird nun absolut ruhig. Es kommen keine neuen Gedanken mehr. Sie spüren eine wunderbare Stille in sich.
- Atmen Sie noch einmal ganz tief ein. Und während Sie ausatmen, stellen Sie sich die Zahl EINS und die Farbe VIOLETT vor (wie Stiefmütterchen).
- Während Sie dieses VIOLETT vor Ihrem geistigen Auge sehen, spüren

Sie in sich die absolute Stille. Sie geben sich ganz diesem wunderbaren Gefühl der Stille hin. Sie sind nun im Innersten Ihres Wesens. Die tiefe Stille erfaßt Ihr ganzes Ich und füllt es völlig aus. Sie selbst werden zu dieser tiefen Stille. Sie spüren, wie Sie sich in dieser wunderbaren Ruhe geistig und körperlich erholen und neue Kraft schöpfen.

- Gehen Sie nun in dieser Ruhe an Ihren geistigen Entspannungsort: Zählen Sie langsam bis DREI; und bei DREI versetzen Sie sich an Ihren geistigen Entspannungsort.

- Schauen Sie sich dort um, und fühlen Sie die angenehme Luft, den leisen Wind auf der Haut. Gehen Sie mit bloßen Füßen und spüren Sie den Boden (das Gras, den Sand ...) unter Ihren Fußsohlen.

- Heben Sie eine Handvoll Erde auf und spüren Sie die feuchte Erde in Ihrer Hand - riechen Sie an dieser Erde. Wenn Sie Bäume dort haben, fühlen Sie einmal die Rinde - ist sie rauh oder glatt? Welche Geräusche hören Sie an Ihrem Entspannungsort?

- Erfassen Sie Ihren geistigen Entspannungsort mit all Ihren Sinnen und fühlen Sie sich dort gelöst und frei.

- Wenn Sie lange genug an diesem Ort waren, zählen Sie langsam wieder von EINS bis SIEBEN. Bei SIEBEN öffnen Sie die Augen. Sie sind hellwach, bei bester Gesundheit und in völliger Harmonie mit dem Leben.

- Spüren Sie nun den tiefen inneren Frieden und eine heitere Gelassenheit, die Sie noch einige Zeit begleiten werden.«

(leicht verändert zitiert nach Tepperwein S.22ff.)

Wenn Sie diese Entspannungsmethode benutzen möchten, können Sie den Text auch auf Kassette sprechen und bei Bedarf abspielen. Sie sollten dann darauf achten, daß Sie langsam und ruhig sprechen und Ihre Stimme für Sie angenehm klingt. Machen Sie am besten zuerst ein paar Probeaufnahmen. Wenn Sie bei der tiefsten Ruhe angelangt sind (»...und fühlen Sie sich dort gelöst und frei...«), lassen Sie am besten eine Pause von einigen Minuten auf dem Band, damit Sie diese Stille und Harmonie auch so richtig genießen können.

Sie können aber genausogut jede andere Technik anwenden, die Ihnen vertraut ist; am wichtigsten ist die Phase des Aufenthalts an Ihrem geistigen Entspannungsort. Dort können Sie tun, was immer Sie wollen; dort sind Ihnen keinerlei Grenzen gesetzt. Alles ist möglich, Ihre Phantasie bestimmt den Rahmen Ihrer Freiheit. Und an einem solchen Ort werden sich Ihre Vorstellungskraft, Ihre Kreativität und Ihr Lösungsfindungsdenken wie von selbst zu höchster Leistungsfähigkeit entwickeln.

Auf diesem oder einem anderen Weg können Sie sich nun an Ihren Entspannungsort begeben, sooft Sie wollen. Am besten machen Sie jeden Tag einmal »Urlaub für die Seele« (Tepperwein S.24); so wird Ihnen der Weg genauso vertraut wie das Ziel, und Sie fühlen sich im Laufe der Zeit in Ihrer Phantasiewelt immer mehr zu Hause. Sie werden merken, daß Sie auch immer selbstverständlicher zu diesem Platz finden und sich daran gewöhnen, dort neue Kraft zu schöpfen, innere Ruhe, Harmonie und Gelassenheit aufzutanken.

Ein Rat zur Vorsicht sei Ihnen an dieser Stelle noch mit auf den Weg gegeben: Wenn man nach Lösungen sucht, mag es durchaus verlockend sein, den Weg zu seinem inneren Entspannungsort einzuschlagen und sich dort erst einmal vom Alltag zu erholen. Diese Technik ist aber auf Dauer nicht dazu gedacht, sich auf solche Weise bequem aus dem Tagesgeschehen auszuklinken und sich in Gedanken eine heile Welt vorzugaukeln. Sie können und sollen in solchen Entspannungsphasen Kraft sammeln und neue Ideen und Lösungen kreieren, die Sie dann *in den Alltag übernehmen*, um sie dort anzuwenden und umzusetzen.

In seinem Buch *Konzentration und schöpferisches Denken* äußert sich Dr. Otto Albrecht Isbert zum Thema »Aufbau einer Vorstellung - Imaginationstechnik« folgendermaßen:
»Auf dem geistigen Übungsweg gelten jedoch andere Gesetze, denn durch ihre ständig wiederholte Konzentration auf einmal gesetzte Inhalte, die durch längere Zeiten festgehalten werden müssen, bildet sich

in dem Übenden eine neue geistige Struktur *nach höheren Gesetzen*, so daß die alten Belastungen zurücktreten und verblassen - ohne verdrängt zu werden! *Es geht also nicht darum, daß wir uns etwas vormachen, sondern uns ganz bewußt mit solchen Bildvorstellungen erfüllen, die uns über das niedere Denken und Vorstellen hinweghelfen.«*

(Aus: Dr. Otto Albrecht Isbert, *Konzentration und schöpferisches Denken*, Erich Hoffmann Verlag, Heidenheim 1962, S.166)

Auch in Management-Etagen ist die Fähigkeit zur Entspannung und zu *Arbeit mit Visionen* eine Eigenschaft, die immer wichtiger wird. So beschreiben die Autoren Gerd Gerken und Gunther Luedecke in Ihrem Buch *Die unsichtbare Kraft des Managers* (Econ Verlag Düsseldorf 1988) eine Firmenkultur, die stark auf der Visionsfähigkeit der Führungspersonen aufbaut:

»Wir müssen uns nämlich fragen: Woher entsteht die Kraft, die eigentliche Energie? Und hier lautet die erstaunliche Antwort: Sie kommt aus der Imagination, und sie kommt aus der Affirmation von Visionen. Das bedeutet, (...) daß ein Spitzenmanager permanent reden und um Perspektiven buhlen muß. Er muß (...) dafür sorgen, daß Zukünfte nicht nur in seinem Kopf stattfinden, (...) sie müssen bildhaft werden. (...) Visionen müssen inszeniert und über den Faktor der Persönlichkeit auch emotional aufgeladen und gestaltet werden.«

(S.159)

Visionen sind die Quelle für die Ausrichtung der Energien; und durch Sprache wird im nächsten Schritt die Wirklichkeit aus der Vision geschaffen. An der Realisierbarkeit mißt sich die Effektivität; im Management genauso wie im Privatleben. Je erfolgreicher Sie nach einer Vision im entspannten Zustand auch im Alltag wieder praktisch und konkret agieren können, um so erfolgreicher ist diese Methode für Sie und Ihre Lebensgestaltung insgesamt einzuschätzen! Was zählt, ist nicht die gelungene Alltagsflucht, sondern die Integrierbarkeit der in Entspannung erreichten und vertieften Fähigkeiten in die Gestaltung der täglichen Alltagsabläufe.

Denken Sie an dieser Stelle einmal darüber nach, welche Ihrer Fähigkeiten und Eigenschaften Ihnen am besten gefallen: Welches sind die Talente, die Sie ohne Einschränkung an sich selbst bewundern?

1. _____
2. _____
3. _____
4. _____
5. _____
6. _____
7. _____
8. _____
9. _____
10. _____

Prägen Sie sich diese Eigenschaften mit Hilfe der Symbole gut ein und testen Sie in den nächsten Tagen ab und zu, ob Sie sich noch an alle zehn Talente erinnern können. Wenn Sie dann wieder einmal an Ihren Entspannungsort gehen (Sie sollten diesen inzwischen gewohnheitsmäßig aufsuchen und den Weg dorthin gut beherrschen), dann denken Sie dort an diese Ihre besten Eigenschaften und schreiben Sie sie in Gedanken auf eine Tafel, die Sie für eine Weile an Ihrem Ort stehen lassen. Sie werden feststellen, daß sich Ihre Begabungen dadurch noch intensivieren und viel stärker ins Rampenlicht setzen lassen.

Dasselbe können Sie natürlich auch mit den Eigenschaften umsetzen, die Sie an sich selbst vermissen und gerne zur Verfügung hätten: Schreiben Sie sie auf, prägen Sie sich diese Liste ein und üben Sie einige Tage lang, damit Sie sie wirklich gut beherrschen. Anschließend nehmen Sie diese Aufzählung mit an Ihren Entspannungsort und verfahren Sie wie oben beschrieben. Seien Sie nicht enttäuscht, wenn die Erfolge nicht sofort am nächsten Tag kommen; Ihr Unterbewußtsein braucht etwas Zeit, bis es sich jeweils auf Ihre neuen Wünsche eingestellt hat. Und arbeiten Sie nicht in zu kurzen zeitlichen Abständen mit verschiedenen Listen; lassen Sie sich (und Ihrem Unterbewußtsein) genügend Raum, um die einzelnen Aufgaben in Ruhe anzugehen und zu lösen. Sie wissen ja: An Ihrem inneren Entspannungsort tanken Sie Ruhe, Harmonie und Gelassenheit; und das ist es, was Ihnen im Alltag *immer* weiterhilft!

Weil nur die Tat überall entscheidend ist, so kann auch aus einem täti-gen Irrtum etwas Treffliches entstehen, weil die Wirkung jedes Getanen ins Unendliche reicht.

Johann Wolfgang von Goethe (*Maximen und Reflexionen*)

Kapitel 3

»Im Serienfaltboot über den Atlantik«

Was man mit verschiedenen Entspannungsmethoden alles erreichen kann, soll Ihnen der folgende Bericht zeigen. Vielleicht haben Sie schon einmal von Hannes Lindemann gehört, der Ende der fünfziger Jahre ganz alleine mit einem Faltboot den Atlantik überquerte? Der wichtigste Teil seiner Vorbereitung auf dieses Abenteuer bestand in der psychischen Einstimmung - mit Hilfe des autogenen Trainings. Hier wird in »konzentrativer Selbstentspannung«, wie sein Erfinder, der Nervenarzt Dr. J. H. Schultz, diese Methode definiert, *eine Beeinflussung des Körpers durch die Macht der Vorstellung* erreicht:

»Der bildhaften Vorstellung von der Schwere beispielsweise folgt das Gefühl der Schwere, bis sich nach kurzer Zeit der Zustand der nachweisbaren Schwere als Ausdruck der Muskelentspannung einstellt. Die Übertragung vom Psychischen auf das Körperliche ist nur möglich, weil Leib und Seele eine Einheit bilden. Der Mensch ist ein ›beseelter Organismus‹.«

(Aus: Hannes Lindemann, *Überleben im Streß, Autogenes Training*, Wilhelm Heyne Verlag, München 1985, S.12)

Von großer Bedeutung ist hier wieder die Kraft der bildhaften Vorstellung; sie wird benutzt, um das Wohlergehen (hier: die Entspannung) des Körpers zu fördern. Es ist also der Körper, der auf den Geist reagiert und durch ihn beeinflußbar ist, und nicht umgekehrt. Hier sind wir wieder beim Thema des vorigen Kapitels, wo die schönen Bilder aus der Natur - und die schönen eigenen Vorstellungsbilder! - sogar zur Genesung von Krankheit und Kummer erfolgreich eingesetzt werden.

Doch zurück zu Hannes Lindemann. Er hatte sich nun auf seine abenteuerliche Fahrt sorgfältig vorbereitet, indem er bereits einige Wochen vorher konsequent autogenes Training betrieb und sich in der so erreichten Entspannung verschiedene formelhafte Vorsätze einprägte, die später überlebenswichtig für ihn wurden, zum Beispiel »Ich schaffe es« oder »Kurs West«. Diese Vorsätze wurden durch tägliches autogenes Training tief ins Unterbewußtsein verankert:

»Der feste Glaube an das Gelingen ist der erste Schritt zur Verwirklichung, das gilt für jedes Unternehmen. (...) Während ich abends während des Trainings einschlief, war mein letzter Gedanke: Ich schaffe es. Und morgens konzentrierte ich mich als erstes darauf. (...) Man lebt mit dem Vorsatz, man identifiziert sich mit ihm, so daß er zur zweiten Natur wird und jede Zelle des Körpers von diesem ›Ich schaffe es‹ erfüllt ist. (...) Erst als ich von diesem Gefühl durchdrungen war und getragen wurde, entschied ich mich endgültig, die Fahrt zu unternehmen.«
(Lindemann S.14ff.)

Bei einem solchen Vorgehen brauchen Sie den entspannten Zustand nicht notwendigerweise durch autogenes Training zu erreichen; jede andere Entspannungsmethode, mir deren Hilfe Sie in den Alpha-Zustand gelangen, ist genauso gut. In der Entspannung ist das Unterbewußtsein empfänglich für Anregungen verschiedenster Art; wie Sie dorthin gelangen, entscheiden Sie am besten selbst. Wir können Ihnen an dieser Stelle keinen Grundkurs in autogenem Training vermitteln; dazu besuchen Sie besser einen Kurs bei der Volkshochschule oder einer Krankenkasse.

Lindemann hatte nun seine geistige Vorbereitung wirklich derart effektiv betrieben, daß in seinem Unterbewußtsein während der Überquerung in den verschiedensten Krisensituationen jeweils der richtige Vorsatz, das richtige Bild auftauchte und die notwendigen Impulse eingab: Die Formel ›Kurs West‹ konnte sogar durch Schlafmangel ausgelöste Halluzinationen durchbrechen und gewährleistete tatsächlich, daß Lindemann noch in den letzten Tagen seinen Kurs nach Westen außerordentlich gut einhalten konnte, obwohl er durch Schlafmangel und die lange Dauer der Fahrt ziemlich geschwächt war. Auch mit den einfachsten Problemen hatte er in seinem winzigen Boot zu kämpfen - und kam dank des autogenen Trainings gut zurecht:

»Man stelle sich einmal vor: 72 Tage sitzend, Tag und Nacht. Da mußte es zu Sitzgeschwüren kommen. Also zauberte ich mir regelmäßig, vermehrt jedoch bei stürmischem Wetter, das Wärmegefühl auf die posterioren Flächen - die leichteste Übung des AT. Mein ›Achtersteven‹ blieb auf diese Weise von Sitz- und Salzwassergeschwüren verschont. Aber das hatte noch andere Gründe. (...) Tiefstes Entspannen führt zu Wohlbehagen. *Wer sich richtig entspannen kann, vergißt seine naturgegebene Angst.* Das Schlafbedürfnis nimmt ab, die Sitzunruhe läßt nach, man sitzt so entspannt, daß es nicht so schnell zu Sitzbeschwerden kommt.«

(Lindemann S.17f.)

Bei den Anregungen, die Sie in entspanntem Zustand an Ihr Unterbewußtsein richten möchten, gibt es keine Vorschriften in bezug auf den genauen Wortlaut Ihrer Vorgaben: Sie können Ihre Vorsätze formulieren, wie Sie wollen. Lediglich die Richtlinien für ›Affirmationen‹ (=Bejahungen) an das Unterbewußtsein sollten Sie beachten; diese sind Ihnen sicherlich bekannt:

Kurz und knapp soll eine Affirmation sein, positiv formuliert und bildhaft-einprägsam.

So zum Beispiel: ›Ich liebe meinen Körper‹, ›ich verdiene es, reich zu sein‹ oder ›ich bin gesund und glücklich‹. Noch viel wirksamer werden solche Vorsätze, wenn Sie sich die entsprechenden Bilder dazu vorstellen:

- Sehen Sie sich vor dem Spiegel in neuer Kleidung, die Ihre gute Figur betont;
- stellen Sie sich vor, wie Sie sich all das kaufen, was Sie sich wünschen;
- lassen Sie auf Ihrem inneren Film einen heiteren, fröhlichen Familienausflug ablaufen.

Je bunter, lebendiger und intensiver diese Bilder sind, um so eher nimmt sie das Unterbewußtsein als ›Wahrheit‹ an - es ist nämlich äußerst empfänglich für Bilder jeglicher Art.

Wenn Sie sich nun eine solche Autosuggestion geschaffen haben, sollten Sie sie eine Zeitlang mehrmals täglich wiederholen. Empfohlen werden im allgemeinen zehn Tage lang jeweils etwa zwanzig Wiederholungen. Wenn Sie einen Tag vergessen, sollten Sie diesen Zeitraum von vorn beginnen. So werden die Formulierung und das zugehörige Bild Ihrem Unterbewußtsein so lange vorgesetzt, bis sie als ›selbstverständlich‹ akzeptiert werden - und sich wie selbständig in Realität umwandeln.

Sie können sich zur äußerlichen Unterstützung Ihres Vorgehens eine Kette mit der entsprechenden Zahl von Holzperlen anfertigen und nach jeder Wiederholung eine Perle weiterschieben, oder Sie nehmen dieselbe Anzahl von Streichhölzern und legen Sie während der Wiederholungen nacheinander beiseite.

Manche Autoren schlagen noch andere Techniken vor, wie Sie sinnvoll mit Affirmationen (=Bejahungen) arbeiten können. So zum Beispiel Shakti Gawain in ihrem Bestseller *Stell dir vor / Kreativ visualisieren*:

»1. Sag Affirmationen leise oder laut vor dich hin, immer wenn es dir in den Sinn kommt, besonders ... bei der Hausarbeit oder anderen Routinetätigkeiten.
2. Sag sie laut zu dir selbst und betrachte dich dabei im Spiegel...
3. Nimm deine Affirmationen mit einem Tonbandgerät auf und laß

das Band oder die Kassette immer wieder ablaufen, wenn du in der Wohnung bist...«
(Aus: Shakti Gawain, *Stell dir vor. Kreativ visualisieren*, Rowohlt Verlag, Reinbek 1986, S.108f.)

Nicht nur durch Sprechen und Hören lassen sich Affirmationen gut verankern, auch durch Schreiben (›Fühlen‹) und Lesen (›Sehen‹) wird der Eindruck im Unterbewußtsein verstärkt:
> »1. Wähle eine bestimmte Affirmation aus und schreib sie einfach 10- oder 20mal hintereinander auf. Denke ernsthaft über den Sinn der Worte nach, während du sie niederschreibst...
>
> 2. Schreib Affirmationen ... auf Kärtchen o.ä., und bringe sie als Erinnerungshilfe an verschiedenen Stellen in deiner Wohnung oder an deinem Arbeitsplatz an. Gut geeignet dafür sind: Kühlschrank, Telefon, Spiegel, Schreibtisch, Eßtisch, über dem Bett.«

(Ebenda, S.109f.)

Sooft Sie nun diese Worte wieder lesen, wird Ihnen auch das Bild, das Sie sich innerlich geschaffen haben, wieder in Erinnerung kommen. Und je intensiver Sie dieses Bild gestaltet haben, um so stärker wird es Ihre Affirmation unterstützen und der Realisierung näherbringen.

Ein berühmtes Beispiel für eine solche Affirmation ist die Formel des französische Apothekers Emile Coué (1857-1926), der ein auf Autosuggestion beruhendes psychotherapeutisches Heilverfahren entwickelte. Den Menschen, die bei ihm ihre Medikamente zubereiten lassen wollten, gab er darüber hinaus auch noch seinen ›Heil-Satz‹ mit auf den Weg:
> »*Es geht mir von Tag zu Tag in jeder Hinsicht besser und besser.*«

In zahlreichen Fällen hatte er Erfolg, und vielen Patienten ging es tatsächlich spürbar besser - zunehmend auch ohne Medikamente.
Versuchen Sie es doch selbst einmal!

Es ist eine einfache und erfolgversprechende Methode, sich seine Ziele immer wieder in positiven Bildern vorzustellen - und zwar so, als hätte man sie bereits erreicht: »Positive Vorstellungen bedeuten Erfolg - gerade beim AT - und sehr häufig auch Genesung.« (Lindemann S.19). Schon Immanuel Kant, der bedeutende Philosoph, hatte eine kleine, uns heute weniger bekannte Schrift verfaßt mit dem Titel *Von der Macht des Gemüts, durch den bloßen Vorsatz seiner krankhaften Gefühle Meister zu werden.* Im Vorwort zu diesem Büchlein schrieb damals der große Arzt Hufeland (1762-1836): »*Jeder kennt die Kraft der Imagination. Niemand zweifelt, daß Menschen durch bloße Einbildung erkranken können. Ist es da nicht ebenso möglich und unendlich besser, sich einzubilden, gesund zu sein?* (Lindemann S.22)

Die Kraft der Gedankenbilder ist also eine Macht, durch die wir vieles im Leben steuern und erreichen können. Mit den entsprechenden Visionen und einer trainierten Vorstellungskraft lassen sich im täglichen Leben und zum Beispiel auch im Sport beachtliche Leistungssteigerungen erzielen (hierzu verweise ich auch auf alle meine bisherigen Gedächtnisbücher, siehe Literaturliste). Doch das Denken in Bildern ist noch mehr: Gedanken besitzen offensichtlich eine gewisse Verwirklichungskraft und Energie, und diese ist zweifellos um so größer, je mehr die Gedanken durch intensive Vorstellungsbilder unterstützt werden.

Besinnen Sie sich einmal mit Hilfe von Bildvergleichen, Prinzipien und Ähnlichkeiten der wahren Werte Ihres Lebens. Diese sind nicht immer gleich sichtbar und erkennbar. Fangen Sie einfach einmal an, sie zu suchen. Sicherlich werden Sie auf Situationen stoßen, in denen Sie Ihren wahren Zielen hinter der wechselhaften Oberflächlichkeit des Scheins ganz nah waren. Setzen Sie dort wieder an und verfolgen Sie diese Richtungen weiter.

Notieren Sie sich drei bis fünf dieser wichtigsten ›wahren Ziele‹ und stellen Sie sich jeweils ein aussagekräftiges Bild dazu vor, in dem dieses

Ziel prägnant und lebendig zugleich dargestellt wird. Wenn Sie zum Beispiel erkennen, daß eines Ihrer wichtigen Ziele darin besteht, sich mit Ihrer Familie wieder auszusöhnen und dauerhaft zu vertragen, dann könnten Sie sich in Gedanken ausmalen, wie Sie miteinander ein prächtiges Familienfest feiern; alle Anwesenden sind fröhlich und gutgelaunt und gehen freundlich und zuvorkommend miteinander um. Gestalten Sie nun ebensolche Visionen für Ihre eigenen Ziele, und denken Sie immer wieder (gerade auch in entspanntem Zustand) an die dazu passenden Bilder:

1. Ziel: _____   Bild: _____
2. Ziel: _____   Bild: _____
3. Ziel: _____   Bild: _____
4. Ziel: _____   Bild: _____
5. Ziel: _____   Bild: _____

Und machen Sie sich klar:

»Nicht nur der Glaube kann Berge versetzen, die Vorstellungskraft kann es auch.«

(Aus: Hauke Brost, *Jogging für den Kopf*, Herbig Verlag, München 1993, S.52)

Jeder Mensch hat andere Voraussetzungen für dieses Unternehmen, die eigenen Schwerpunkte und Ziele im Leben klar ins Visier zu fassen. Je früher Sie die Suche nach wahren Werten und lohnenswerten Zielen aufrichtig beginnen, um so eher werden Sie auf bislang übersehene Chancen in Ihrer Lebens-, Schicksals- und Zukunftsgestaltung aufmerksam. Geduld am Anfang und Intensität bei stärkerer Bewußtwerdung begünstigen Ihre bewußte Lebensgestaltung.

Nehmen Sie sich möglichst jeden Tag eine halbe Stunde Zeit, um von den Bedeutungen und Wichtigkeiten der Außenwelt hin zu einer tieferen Bedeutung der Innenwelt zu gelangen. Suchen Sie ab und zu in Ihrer Erinnerung die schönsten Bilder Ihres Lebens zusammen. Versenken Sie sich, wenn Sie ungestört sind, in diese innere Welt und tauchen Sie ein in höhere, schönere Sphären. Einen Teil von dieser Ruhe, einen Schimmer von diesem Glanz bringen Sie automatisch wieder mit in die Alltagswelt, als Inspiration und verborgene Motivation. Dies gibt Ihnen nach einiger Zeit der Meditationsvorbereitung eine innere Verwurzelung, die dem äußerlichen Alltagsleben einen Teil seiner übertriebenen Wichtigkeit nimmt und Sie zu den Schönheiten des verborgenen Innenlebens führt.

Je schöner, harmonischer und ansprechender die inneren Bilder sind, um so mehr Kraft können Sie daraus schöpfen. Sie haben ja in den einführenden Kapiteln fleißig geübt, vor Ihrem inneren Auge ein Bild, eine kleine Aktion entstehen zu lassen; nutzen Sie nun diese Fähigkeit immer wieder, um in entspanntem Zustand die Bilder von Ihren wichtigsten Lebenszielen aufzurufen und lebendig auszugestalten.

So können durch positive Erwartungen und schöne innere Bilder sowohl Ihren persönlichen Erfolg, egal in welcher Form Sie ihn sich vorstellen, als auch Ihre Ziele und Ergebnisse in bezug auf dieses Buch deutlich beeinflussen und beschleunigen: Stellen Sie sich bildhaft vor, wie Sie durch die einzelnen Übungen an Erfahrung gewinnen und Ihre Persönlichkeit weiterentwickeln; sehen Sie sich jetzt schon erfolgreich und glücklich, wie Sie Ihr eigenes Leben bewußt und zielgerichtet gestalten - und die entsprechenden Erfolge werden sich automatisch einstellen!

Konzentration und Meditation bedingen und fördern sich gegenseitig. Wenn Sie durch Förderung beider Künste Ihre inneren Potentiale nach und nach aufspüren, werden Sie sie automatisch auch immer mehr nutzen und dadurch immer mehr erreichen. Vielleicht nicht gerade die Allwissenheit eines erleuchteten Yogi, aber doch eine gewisse charakterliche Vollkommenheit:

»Beherrscht man die Technik, sein Unbewußtes anzusprechen, seine Kräfte einzuschalten, als sei es ein Diener oder guter alter Freund, so ist man auf dem Weg zur Allwissenheit. Es ist nur eine Frage der Übung, denn Übung kann zur Vollkommenheit führen.«

(Aus: Swami Sivananda Sarasvati, *Übungen zu Konzentration und Meditation*, O.W.Barth Verlag, München 1959, S.17)

Erobern allein genügt nicht; man muß zu verführen wissen.

Voltaire

Kapitel 4

Power Pictures
- die erfolgreiche Motivation

Die folgenden Anregungen sind weitgehend übernommen von einer Kollegin, Frau Margarete Schaper, die als Seminarleiterin vor allem in den Bereichen ›Mentales Motivationstraining - Geistige Selbstbeeinflussung - Autosuggestion‹ erfolgreich tätig ist. Im Gespräch zwischen Frau Schaper und Herrn Geisselhart entstand die Idee, *allgemeine Lebenssituationen mit positiven Bildern so vorzuprogrammieren, daß die positive, in die Zukunft gerichtete Energie ein Ereignis wie zum Beispiel eine bevorstehende Prüfung erfolgreich beeinflussen kann.* Diese Methode wollen wir hier ab sofort »Power Pictures« nennen. Vergleichbare Techniken werden von Frau Schaper in ihren Kursen eingesetzt; und die vielen positiven Rückmeldungen bestätigen auch hier wieder den unschätzbaren Wert des phantasievollen bildhaften Denkens.

Der Mensch handelt nach seinen Überzeugungen, nach den positiven genauso wie nach den negativen. Die erlernten Glaubensmuster und Überzeugungen, die tief in unserem Unterbewußtsein verankert sind, lenken unsere Gefühle und unser Verhalten, und sie bestimmen jeden Tag von neuem unsere Ausstrahlung. Überzeugungen können positiv und hilfreich im Leben sein; andere wiederum sind negativ und hemmend. Sie hindern uns oft daran, die Dinge zu tun, die wir gerne tun würden.

Nehmen wir als Beispiel Timo: Timo ist ein arbeitsloser Elektriker; er wird zu einem Vorstellungsgespräch eingeladen. Da er trotz langjähriger Berufserfahrung und guter Zeugnisse ein nur geringes Selbstvertrauen besitzt, steigen schon Tage vor dem Gesprächstermin angstvolle, quälende Gedanken in ihm auf: »Ich schaffe das nicht - was soll ich bloß sagen - es gibt bestimmt andere Bewerber, die besser sind als ich... «

Ob Timo mit dieser Grundeinstellung die Stelle bekommt? Er schafft in sich selbst denkbar schlechte Voraussetzungen. Eine gute Portion Lampenfieber und Unsicherheit sind in dieser Situation ja verständlich; doch wir sollten deshalb nicht gleich davon überzeugt sein, daß wir diesen negativen Gedanken hilflos ausgeliefert sind. Wir können lernen, unsere Gedanken zu lenken, wir können lernen, sie zu positiven Helfern umzugestalten!

Timo sollte in seiner Situation zunächst daran arbeiten, sein negatives Selbstbild, das er im Laufe des Lebens erworben hat, zu verändern. Er könnte sich für folgende Gedanken entscheiden: »Ich schaffe es; ich habe gute Chancen, die Stelle zu bekommen. Ich bin ein hervorragender Elektriker. Ich gebe mein Bestes und mache mir meine Stärken bewußt.«

Eine solche gedankliche Selbstbeeinflussung wird positive Gefühle und Hoffnungen wecken, vorausgesetzt, die neuen Glaubenssätze werden so fest im Unterbewußtsein verankert, daß sie die alten negativen Gedanken ersetzen und auslöschen. Die konsequente Wiederholung ist wichtig; das tägliche bewußte Denken dieser Vorsätze ist der erste und bedeutendste Schritt zur Umprogrammierung der unbewußten Inhalte. Wenn Sie eine solche Übung machen, sollte immer eine kurze Entspannung vorausgehen, denn in einer gelösten Stimmungslage ist das Unterbewußtsein für Suggestionen besonders empfänglich.

Zunächst setzen Sie also Ihre Gedankenkraft dafür ein, Ihren Zielen etwas näher zu kommen, indem Sie darauf achten, daß Sie Ihr Vorhaben in positiven, ermutigenden Formulierungen beschreiben. Anschließend sollten Sie nun auch die Kraft Ihrer Phantasie nutzen: Stellen Sie sich Ihr Ziel in lebendigen Bildern vor, visualisieren Sie es als Power Picture! Sehen Sie mit geschlossenen Augen ein positives Symbolbild auf einer weißen Leinwand, oder kreieren Sie Ihren eigenen inneren Spielfilm.

So könnte sich Timo als Symbol für Kraft und Mut zum Beispiel einen Löwen vorstellen oder einen großen Baum, mit dem er emotionale Sicherheit und Stärke verbindet. Übung macht auch hier den Meister: Nach einigen Versuchen werden die Gedankenbilder immer deutlicher vor dem inneren Auge erscheinen. Dann könnte sich Timo als Regisseur an seinen persönlichen Erfolgsfilm heranwagen. Der Titel des Films lautet: Das erfolgreiche Vorstellungsgespräch. Timo stellt sich vor, daß er selbst oder eine Phantasieperson die Hauptrolle spielt. Er sieht, wie sein zukünftiger Chef ihn wohlwollend lächelnd begrüßt. Timo erzählt stahlend, warum er gerne für diese Firma arbeiten möchte und welche Kenntnisse und Fähigkeiten er bisher erworben hat. Der Film endet mit einer freundlichen, fast herzlichen Verabschiedung. Timo vergißt auch nicht, sich vorzustellen, wie er drei Tage später die schriftliche Zusage einer Einstellung in den Händen hält.

Natürlich gilt für diesen inneren Film das gleiche wie für die Affirmationen: Egal, welches Thema eine solche kreative Gestaltung hat, sie muß positiv sein und sollte ein Happy End aufweisen. Das Visualisieren erfordert einige Übung, aber die Vorstellungskraft ist unendlich trainierbar. Phantasievolle Bilder entsprechen der Sprache des Unterbewußten; denken Sie nur an Ihre Träume. Durch bildhafte Vorstellungen können wir das Unterbewußtsein kraftvoll und nachhaltig beeinflussen.

Doch lassen Sie sich nicht irritieren, wenn sich bei den ersten Trainingsversuchen in Ihrem Innern eine kritische Stimme meldet, die noch den alten Glaubensmustern entspringt. Sie flüstert Ihnen vielleicht zu: »Was redest du dir da ein, das ist doch alles Illusion.« Vertrauen Sie darauf: Das ist es *nicht*! Das Unterbewußtsein wird mit der Zeit die positiven Suggestionen als erfahrene Realität annehmen. Ihm ist es egal, ob Sie sich etwas nur vorstellen oder es tatsächlich erleben. Es nimmt Suggestionen als gegebene Tatsachen an und wandelt sie zu Überzeugungen um. Das bedeutet, es wird nach einiger Zeit den Glauben und die Überzeugung gewinnen, daß Ihr Wunsch materielle Wirklichkeit wird. Das Ziel muß nur klar genug sein, und Sie müssen es wirklich erreichen wollen.

Diese neuen positiven Überzeugungen werden unbewußt Ihr künftiges Verhalten und Ihre Ausstrahlung verändern. Nun könnten Sie einwenden: »Aber es gibt doch keine Garantie dafür, daß alles so eintrifft, wie ich es mir vorstelle.« Richtig, eine Garantie gibt es nie. Aber machen Sie sich bewußt, daß Sie durch diese mentale Technik in sich selbst die besten Voraussetzungen für Ihren Erfolg schaffen. Erfolg oder Mißerfolg hängen nicht in erster Linie von Ihrem Können ab, die praktischen Fertigkeiten kann man mechanisch erlernen. Die Ursache für Mißerfolg liegt vor allem in einer negativen Erwartungshaltung. Erfolg hingegen basiert hauptsächlich auf Überzeugungen, Gedanken - und auf dem ausgewählten Umgang mit positiv denkenden Menschen!

Eine weitere Schwierigkeit liegt oftmals darin, trotz des zielgerichteten Denkens und Handelns ›locker‹ zu bleiben. Gelassenheit ist wichtig für das erfolgreiche Umsetzen solcher Zielvorstellungen.

Hier kann es hilfreich sein, über Alternativen nachzudenken. In unserem Beispiel könnte das für Timo bedeuten, daß er sich überlegt, welche weiteren konkreten Möglichkeiten er hat, um im Bewerbungsgespräch erfolgreich zu sein. Er könnte einen Kurs zur Förderung seines Selbstbewußtseins besuchen, oder durch berufliche Weiterbildung seine fachliche Kompetenz erhöhen. Positiv denken heißt auch, daß Sie selbst bei einer Absage das Bewerbungsgespräch als wichtige Erfahrung betrachten und dies nicht als persönliches Versagen werten (im besten Fall haben Sie sich schon vorher Alternativen ausgedacht):

Ein positiver Mensch erlebt keine Niederlagen, er macht nur Erfahrungen. Sein innerer Wert bleibt unantastbar.

Nun noch einige Beispiele für die praktische Umsetzung solcher »Power Pictures«:

1. Das Partnergespräch

Als erstes müssen Sie Ihr Ziel kennen. Wollen Sie das Gespräch führen, um recht zu bekommen, um Ihren Partner zu erniedrigen, oder wollen Sie liebevoll ein Mißverständnis klären, um die Beziehung zu festigen? Wahrscheinlich letzteres. Kleiden Sie Ihr Ziel in einen formelhaften Vorsatz. Beispiele:

- Ich kläre das Mißverständnis.
- Ich drücke meine Empfindungen und Erwartungen klar und sachlich aus.
- Ich höre zu und versuche zu verstehen.
- Ich vertiefe das liebevolle Miteinander und suche nach Lösungen.
- Ich liebe und werde geliebt.

Jetzt bereiten Sie sich mental auf das Gespräch vor. Suchen Sie sich einen ruhigen gemütlichen Platz, legen oder setzen Sie sich bequem hin. Schließen Sie Ihre Augen. Lassen Sie Ihre Arme und Beine ganz locker. Stellen Sie sich vor, Ihre Arme und Beine sind schwer. Lenken Sie die Aufmerksamkeit nun auf Ihre Atmung: Atmen Sie gelöst ein und aus. Lassen Sie es atmen. Beobachten Sie gelassen das sanfte, gelöste Schwingen Ihrer Atmung. (Wenn Sie selbst das Autogene Training oder eine andere Entspannungsmethode beherrschen, dann wenden Sie ruhig Ihre vertraute Technik an!)

Im Zustand des Entspanntseins suggerieren Sie sich zunächst Ihre Formeln. Wiederholen Sie zwei, höchstens drei dieser Formeln mehrmals. Nun sehen Sie vor Ihrem inneren Auge eine weiße Leinwand. Stellen

Sie sich ein Symbol für Ihr Vorhaben vor, zum Beispiel zwei rote Herzen, die sich langsam aufeinander zubewegen, bis sie sich sanft berühren. Und schließlich führen Sie Regie in Ihrem eigenen Film: Lassen Sie das Partnergespräch in Einzelheiten ablaufen: Hören Sie, was Sie sagen; malen Sie sich Ihre Gestik aus, beobachten Sie Ihre Reaktionen und die Ihres Partners. Beenden Sie den Film mit einer Szene, in der Sie und Ihr Partner sich liebevoll umarmen. Achten Sie auf Ihre Gefühle. Diese Bilder werden liebevolle Gefühle in Ihnen hervorrufen. Genießen Sie sie; bleiben Sie so lange in Ihrem mentalen Erleben, wie es Ihnen angenehm erscheint. Dann beenden sie die Übung, indem Sie Ihre Augen öffnen, mehrmals tief durchatmen und den Körper kräftig recken und strecken, bis Sie sich wieder wach und munter fühlen.

Konsequenz und Ausdauer führen zur Meisterschaft. Gehen Sie täglich mindestens einmal, besser noch zweimal in Ihre mentale Wirklichkeit und warten Sie ab, was dann in der materiellen Wirklichkeit geschieht. Sie brauchen die Technik der Selbstbeeinflussung nur konsequent und überzeugt durchzuführen, und Sie werden recht bald erfahren, was es bedeutet, durch Anwendung der geistigen Fähigkeiten sein Leben positiv und erfolgreich zu gestalten.

2. Der Gebrauchtwagenkauf

Hier schlagen wir Ihnen die folgenden formelhaften Vorsätze vor:
• Ich informiere mich.
• Ich finde den idealen Wagen zum richtigen Preis.
• Ich verhandle sicher und geschickt.
• Ich finde einen fachkundigen Berater, der mir zur Seite steht.

Wenn Sie diese Situation (in entspanntem Zustand) in Power Pictures ausdrücken wollen, könnten Sie zum Beispiel vor Ihrem inneren Auge sehen, wie Sie sich über den guten Vertragsabschluß freuen. Sie steigen lächelnd in Ihren neuen Wagen. Sie sehen ihn klar und deutlich vor sich: das Modell, die Farbe, die Innenausstattung und so weiter. Freudestrahlend fahren Sie mit Ihrem neuen Auto durch die Stadt.

3. Die Wohnungssuche

Mögliche Vorsätze:
- Ich informiere mich.
- Ich finde die zu mir passende Wohnung.
- Ich fühle mich vollkommen sicher und überzeuge im Gespräch.
- Ich bin der ideale Mieter.

In Ihrem inneren Film malen Sie sich Ihre künftige Wohnung genau aus: Wie soll sie aussehen, welche Größe, welchen Schnitt soll sie haben? In welcher Gegend liegt sie? Stellen Sie sich die Einrichtung vor und sehen Sie, wie Sie dort den ersten gemütlichen Abend erleben...

Selbstverständlich sind unsere Vorschläge für die Affirmationen nicht vollständig! Sie können sie jederzeit nach Ihren eigenen Bedürfnissen ergänzen.

Und nun sind Sie wieder an der Reihe. Sicherlich steht Ihnen in den nächsten Tagen oder Wochen auch eine Situation bevor, die Sie gedanklich schon jetzt beschäftigt, sei es ein Zahnarztbesuch, eine Prüfung, ein Gespräch beim Lehrer Ihres Sohnes oder ähnliches. Suchen Sie sich in Gedanken eine solche Aufgabe aus, mit der Sie jetzt exemplarisch die folgende Übung machen können:

- Erstellen Sie eine Liste mit mindestens fünf positiven Vorsätzen (Affirmationen), die Sie zur mentalen Vorbereitung dieser Situation benutzen können:

_____

_____

_____

- Versetzen Sie sich in Entspannung, und kreieren Sie dann zunächst ein Symbol für den positiven Ausgang dieser Situation.
- Wiederholen Sie zwei oder drei Ihrer Affirmationen einige Male, und lassen Sie sie dann los.
- Erfinden Sie nun Ihren eigenen Erfolgsfilm: Lassen Sie auf Ihrer inneren Leinwand die Handlung so bunt, bewegt und plastisch wie möglich ablaufen. Sehen Sie sich als Sieger im Happy End!

Diese Übung sollten Sie möglichst jeden Tag mindestens einmal durchführen. Sie werden überrascht sein, wie schnell Ihnen das tägliche Üben selbstverständlich wird (weil es nämlich auch Spaß macht, sich selbst in zukünftigen Erfolgen zu erleben!), und wie rasch sich die Ergebnisse in der Realität manifestieren!

Einen Hinweis möchten wir Ihnen hier noch geben: Eine solchermaßen gestaltete positive Beeinflussung Ihres Unterbewußtseins, eine solche Selbstmotivation ersetzt selten fehlendes Fachwissen. Aber mit dem starken Glauben an sich selbst und an Ihre Fähigkeiten können Sie das fachliche Können im Leben auch erfolgreich umsetzen!

»Gedanken sind Energie. Kein Gedanke, der den Äther bewegt, läßt auch nur ein Atom unbewegt. Doch der Abdruck dieses Gedankens hinterläßt eine ewige Spur (...). Was immer man sich mit aller Ernsthaftigkeit und von ganzem Herzen wünscht, prägt sich Zeit und Raum so stark ein, daß es unvermeidlich wahr werden muß. Und deshalb sollt Ihr darauf achten, um was Ihr bittet.«

(Aus dem Buch der Bürgen des Klosters Newasingen)

Was man sich vorstellen kann, ist wirklich.

Pablo Picasso

Kapitel 5

Excalibur und C. G. Jung

Märchen und Sagen können die Phantasie sehr stark aktivieren, nicht nur bei Kindern, sondern auch noch bei uns Erwachsenen. Das fiel mir wieder einmal auf, als ich mir den Film *Excalibur* von John Boorman ansah: Er erzählt von den Heldentaten der Ritter der Tafelrunde und davon, wie der junge Arthur mit Hilfe des legendären Merlin König der Briten wurde.

Merlin gelingt es, die Phantasie des Königs Arthur immer wieder geschickt zu aktivieren und so Ereignisse auszulösen, die zu dessen Selbsterfahrung und Persönlichkeitsentwicklung beitragen. Merlin selbst verfügt über einen sehr hohen Grad an Wissen, über Kenntnisse der Naturgesetze und taktische und strategische Eigenschaften, die seine Mitmenschen des öfteren in Erstaunen versetzen. Bestens dargestellt ist im Film auch seine *Kunst, Situationen sehr rasch und folgerichtig einzuschätzen und auszuwerten - das wäre ihm ohne ausgeprägtes bildhaftes Vorstellungsvermögen gar nicht möglich!*

Mit Aussagen wie ›Hab Vertrauen‹, ›Träume‹, ›Das ist es‹, ›Das war doch gar nicht schwer‹, ›Du kannst es‹, ›Du lernst aber schnell‹ und so weiter motiviert Merlin auch den jungen König immer wieder zu außergewöhnlichen Leistungen; *er fördert seine Phantasie und dadurch die gesamte Persönlichkeitsentwicklung.* Dabei gelingt es ihm trotzdem, in der Rolle des souveränen Beobachters zu bleiben: Er greift nicht aktiv ins Geschehen ein, sondern gibt Arthur lediglich die notwendigen Impulse für dessen eigenverantwortliches Handeln.

Wenn Sie die Möglichkeit haben, sehen Sie sich diesen Film einmal an. Merlin verkörpert einen Meister des Geistestrainings, einen Friedensstifter auf dem schmalen Pfad der Weisheitssuche. Vielleicht fallen Ihnen auch während des Films gewisse Parallelen auf zwischen dem Entfaltungsweg des jungen Königs und Ihren eigenen Studien, die Sie mit Hilfe dieses Buches betreiben. Beobachten Sie zum Beispiel die Situationen, in denen es um die potentielle Entfaltbarkeit des menschlichen Geistes geht - im Film *und* in Ihrem eigenen Leben! Nach Einstein nutzen wir Menschen im Durchschnitt lediglich etwa 10-15% unseres geistigen Potentials; diese Quote läßt sich mit Hilfe des regelmäßigen Gedächtnistrainings und der daraus entwickelten Techniken nachweislich steigern!

Wenn Sie vom Inhalt des Films nach mehrmaligem Anschauen nicht mehr so stark gefesselt sind wie anfangs, werden Sie die übergeordneten Prinzipien um so leichter erkennen. Machen Sie sich die Mühe und notieren Sie sich Ihre Ideen dazu, und sehen Sie den Film nach ein paar Wochen noch einmal an. Mit Sicherheit bekommen Sie dadurch wieder neue Impulse und Anregungen. Notieren Sie auch diese gewissenhaft, selbst wenn sie Ihnen im Moment noch so banal und nichtig erscheinen. Vielleicht ist ja irgendwo der Ansatz zu einer großen Idee enthalten, die sich aus Ihren Erfahrungen Stück für Stück zusammensetzen will, wer weiß?

Als Beispiel für ein solches allgemeingültiges Prinzip möchte ich ein kleines Zitat aus dem Roman *Merlins Vermächtnis* anführen:
»Wenn du in Verwirrung bist,
Dann laß alle Gedanken zur Ruhe kommen

Und erwarte eine Antwort (...)«
(Aus: Douglas Monroe, *Merlins Vermächtnis*, Verlag Hermann Bauer KG, Freiburg 1995, S.305)

Solche und ähnliche Gedanken finden Sie auch in der Verfilmung dieses Stoffes, und viele der Symbole und Prinzipien, die für Sie in diesem Film erkennbar sind, gelten im übertragenen Sinn auch heute noch. In dem Moment, *wo Sie zwischen den Symbolen von (verfilmten) Sagen und Märchen eine Brücke zum heutigen Leben schlagen können,* tragen Ihr Bilderdenken und die gezielte Förderung Ihrer Phantasie die ersten Früchte, und es werden viel reichere Früchte sein, als Sie es sich jetzt vorstellen können.

Parallel zu dem Film *Excalibur* möchte ich Ihnen noch *Die Möwe Jonathan,* von Richard Bach als Buch oder in der Verfilmung von Hall Bartlett, empfehlen: Es handelt sich um eine sehr einprägsame poetische Schilderung eines außergewöhnlichen Möwenlebens, das in einer anderen Welt angesiedelt zu sein scheint:
»Du bist frei. Sei, was du bist, entfalte dein wahres Selbst - jetzt und hier, und nichts kann dir im Wege stehen. So will es (das Gesetz der Großen Möwe,) das Gesetz des Seins.«
(Aus: Richard Bach, *Die Möwe Jonathan / Illusionen.* Ullstein Verlag, Frankfurt/Berlin 1993, S.69)
Das ist die Philosophie Jonathans in dieser Welt voller Liebe, Verständnis, Hoffnung - und natürlich kreativer Phantasie!

Lassen Sie uns an dieser Stelle wieder eine Übung einfügen, damit Sie regelmäßig und konsequent Ihr Bilderdenken und Ihre Kreativität weiterentwickeln. Wie wäre es mit einer Liste von lauter verrückten Ideen? Stellen Sie sich einmal zehn Dinge vor, die Sie schon immer gerne tun wollten, die Ihnen aber aus dem einen oder anderen Grund als alltagsfern, ›ver-rückt‹ oder nicht realisierbar erschienen. »Du bist frei. (...) nichts kann dir im Wege stehen.« Also lassen Sie Ihrer Phantasie freien

Lauf! Zum Beispiel könnte es ja sein, daß Sie schon lange einmal auf einem gespannten Seil über einen Fluß laufen wollten. Oder Sie würden gerne mit Frank Sinatra zusammen im Madison Square Garden auftreten. Denken Sie einmal ein paar Minuten darüber nach, ohne irgendwelche Einschränkungen: Welches sind Ihre ›unerfüllbaren Träume‹?

1. _____
2. _____
3. _____
4. _____
5. _____
6. _____
7. _____
8. _____
9. _____
10. _____

Wenn Ihnen hier weniger als zehn Punkte einfallen, ist das auch nicht schlimm; Sie werden feststellen, daß Ihre Phantasie mit dem Thema weiterhin befaßt ist und Ihnen immer wieder ein paar Ideen einfallen werden.

Nehmen Sie sich jetzt diese eben notierte Auflistung von Tagträumen zur Hand, und stellen Sie sich vor, so gut Sie können, mit welchen Ansätzen und Ideen Sie diesen Zielen aus eigener Kraft ein Stück näher kommen könnten. Überlegen Sie sich zu jedem Punkt ein »Drei-Schritte-Programm« der Realisierbarkeit, auch wenn es Ihnen immer noch utopisch und verrückt erscheinen mag. Für die oben genannten Beispiele könnte das etwa folgendermaßen aussehen:

Sie möchten auf einem Seil über den Fluß laufen:

1. Sie suchen sich einen geeigneten Ort (Garten, Spielplatz) und üben dort erst einmal eine Zeitlang, in etwa einem Meter Höhe auf einem gespannten Seil zu laufen.
2. Sie steigern den Schwierigkeitsgrad langsam und gewinnen an Sicherheit und Erfahrung.
3. Sie suchen sich einen geeigneten Flußabschnitt aus, wo Sie notfalls ins Wasser springen könnten, ohne sich zu verletzen - und dann tun Sie es einfach! Gehen Sie auf dem Seil über den Fluß!

Sie möchten mit Frank Sinatra zusammen auftreten:

1. Als Grundvoraussetzung sollten Sie seine Lieder möglichst alle vollständig und schön nachsingen können.
2. Dann können Sie sich bei Veranstaltungen in Ihrer Umgebung bewerben und durch diese kleinen Auftritte üben und Erfahrungen sammeln.
3. Schließlich schreiben Sie an Sinatra oder seinen Manager und schlagen einen gemeinsamen Auftritt vor. Vielleicht können Sie ihn zu einem Ihrer Konzerttermine einladen?

In dieser Art erfinden Sie für jeden Ihrer Phantasiewünsche eine Möglichkeit zur *schrittweisen* Realisierung. Und dann prägen Sie sich diese Wünsche samt der zugehörigen Ideen mit Hilfe der Zahlensymbole ein: Verknüpfen Sie zunächst den jeweiligen Wunsch mit dem Symbol, und anschließend kreieren Sie aus den Ideen einen kleinen lebendigen inneren Film, den Sie einfach an das Symbolbild anhängen:

1. Sie balancieren über den Fluß in dunkler Nacht - am anderen Ufer steht eine Kerze, das einzige Licht weit und breit, und dort müssen Sie hin...
   (Ihre Vorübungen könnten Sie in Gedanken als lustigen Comic-Strip gestalten, über den sich vor allem die Nachbarskinder prächtig amüsieren.)

2. Bei Ihrem Gala-Auftritt mit Sinatra zieht ein überdimensionaler Schwan einen kleinen Wagen auf die Bühne, in dem Sie beide stehen, und das Publikum tobt vor Begeisterung.

(Ihre Vorübungen finden zum Teil in der Badewanne statt; die Nachbarn sind weniger begeistert und klopfen laut an die Decke.)

Sie merken es bei diesen Gedankenspielen vielleicht selbst: Was auf den ersten Blick völlig utopisch erscheint, ließe sich mit Phantasie und Vorstellungsvermögen eben doch *in kleine Einzelschritte aufteilen und in Angriff nehmen* - wenn Sie es denn wirklich umsetzen wollten! Fordern Sie Ihre Gedankenkraft, lassen Sie Ihre Phantasien einmal in nie gekannte Höhen aufsteigen, und Sie werden staunen, was alles in Ihnen steckt! Denken Sie daran, was die Möwe Jonathan sagt: »Du bist frei. (...) nichts kann dir im Wege stehen.«

Diese Aktivität Ihrer Vorstellung, die bewußte Einbildungskraft, die Sie mit der Geisselhart'schen Methode des bildhaften Gedächtnistrainings entwickeln und zur Vollkommenheit weiterführen können, wird Ihnen in vielen Lebensbereichen die besten Dienste leisten. Die ›aktive Imagination‹, wie sie auch schon bei C. G. Jung betrieben wird, steht bei ihm im Gegensatz zum ›passiv erlebten‹ Traum:

»Die aktive Imagination ist eine wichtige therapeutische Methode der Jungschen Psychologie, mit deren Hilfe seelische Stimmungen und andere Inhalte des Unbewußten bearbeitet werden. Im Unterschied zum Träumen, das dem Menschen widerfährt, setzt sich das Ich bei der Imagination aktiv mit den inneren Bildern und Phantasien auseinander. Mit bewußter Einbildungskraft kann ein unbefriedigender Traum ins Bild übersetzt und weitergestaltet werden, indem er gemalt, erzählt oder aufgeschrieben wird.«

(Aus: Helmut Hark (Hg.), *Lexikon Jungscher Grundbegriffe*, Walter Verlag, Solothurn/Düsseldorf 1994, S.77)

Das bedeutet für Sie, daß Sie Ihre nächtlichen Träume mit Hilfe Ihrer Phantasie in Zukunft besser erfassen und auch deuten können. Versuchen

Sie morgen früh einmal, sich an Ihre Träume so gut wie möglich zu erinnern. Am besten läßt sich das durchführen, indem Sie diese beiden Ratschläge befolgen:

1. Entspannen Sie sich beim Einschlafen und sagen Sie sich in ruhigem Ton: Morgen früh werde ich mich wie selbstverständlich an meine Träume erinnern.

2. Legen Sie sich Papier und Schreibzeug direkt neben das Bett, und schreiben Sie morgens, sobald Sie aufgewacht sind, als erstes auf, an was Sie sich noch erinnern können.

Wenn Sie das ein paar Mal hintereinander ausprobieren, werden Sie sich mit jedem Tag mehr an Ihre Träume erinnern können. Und dann können Sie bereits den zweiten Schritt umsetzen: Greifen Sie sich eine beliebige Traumszene heraus, lesen Sie sie noch einmal gründlich nach, und versetzen Sie sich in Gedanken tief in das geträumte Geschehen hinein. Lassen Sie dann die Handlung in Ihrer Vorstellung weitergehen: Malen Sie sich genau aus, wie sich die Situation weiterentwickelt hätte, wenn Sie nicht aufgewacht wären. Lassen Sie Ihren Phantasien freien Lauf, und halten Sie auch diese Ideen und Eingebungen möglichst genau fest. Sie können die Geschichten jemandem erzählen, Sie können sie malen, Sie können sie aber auch aufschreiben:

»Jung machte dabei die Erfahrung, daß das Niederschreiben oftmals noch hilfreicher ist als das bloße Erzählen. (...) Es ist wichtig, die Bilder nicht nur vor sich erscheinen zu lassen, sondern *die Botschaft auch zu verstehen* und die Inhalte rational einzuordnen und Konsequenzen daraus zu ziehen.«
(Aus: *Lexikon Jungscher Grundbegriffe*, S.77)

Auch hierzu ein Beispiel: Ein Kursteilnehmer erzählte kürzlich einen Traum, den er ein paar Tage zuvor aufgeschrieben hatte:
»Ich gehe mit den drei Kindern meiner Lebensgefährtin spazieren. Wir kommen an eine breite Treppe, die zu einem Fluß hinunterführt. Bevor ich die Kinder warnen und zurückhalten kann, ist der jüngste Sohn schon

hineingefallen und treibt mit dem Gesicht nach unten auf der Wasser-oberfläche. Ich will sofort hinterher und ihn herausholen, aber ich bin wie festgenagelt, und die ganze Szene um mich herum bleibt stehen, als hätte jemand den Film angehalten. Endlich kann ich mich wieder bewegen, stürze ins Wasser und ziehe den Jungen heraus. Ich lege ihn auf die Treppe und mache Wiederbelebungsversuche, und schon nach wenigen Sekunden schlägt er die Augen wieder auf.«

Im anschließenden Gespräch erzählt er uns, wie er diesen Traum ger-ne spontan weitererlebt hätte: »Ich wollte das Kind sofort zu mir nach Hause bringen, in die warme Badewanne stecken und ihm einen Tee kochen. Dann wäre ich sicher mit ihm später noch einmal zu dem Fluß gegangen und hätte ihm genau erklärt, warum diese Treppe dort so rut-schig und gefährlich ist.« Es stellte sich heraus, daß sich dieses Ereig-nis, wäre es wirklich geschehen, wohl anders weiterentwickelt hätte: Er hätte das Kind zu seiner Freundin zurückgebracht und wäre alleine in seine eigene Wohnung zurückgekehrt. Durch diese Gegenüberstellung von ›Phantasie-Traum-Fortsetzung‹ und Realität wurde dem Mann klar, welche Botschaft für ihn in diesen Bildern lag: Im Grunde wollte er ger-ne mit seiner Freundin und ihren Kindern zusammenleben und auch die Verantwortung mittragen, doch sie wehrte sich gegen solche Pläne. Jeder Vorstoß von seiner Seite wurde abgewehrt, und er kam sich oft-mals vor wie ›angenagelt‹, er war unfähig zu handeln. Durch diesen Traum und seine Weitergestaltung mit Hilfe phantasievoller, lebendiger Bilder erkannte er nun, wie wichtig dieses Thema tatsächlich für ihn und seine Lebensgestaltung war, und er nahm sich fest vor, mehr für eine baldige Veränderung der Situation zu unternehmen.

So schreibt auch Günther Feyler in seinem *Lebenskompaß Traum*:
»Wir müssen uns nicht unbedingt abfinden mit den Bildern, die uns Nacht für Nacht einen Spiegel vorhalten. Wir können sie ändern (...). *Wir können uns andere Bilder vorstellen oder erträumen, um so die Blaupause einer künftigen Wirklichkeit zu schaffen.* (...) Sie brauchen

dazu jedoch keine Beratung und keine Erfahrung. *Allein Ihre Phantasie ist der Quell dieses ständig sprudelnden Reichtums, den Sie nur anzuzapfen brauchen.*«

(Aus: Günther Feyler, *Lebenskompaß Traum. In 16 Tagen kreativ träumen lernen*, Verlag Hermann Bauer, Freiburg 1990, S.29. Hervorhebung aus dem Original übernommen)

Setzen auch Sie Ihre Phantasie ein, um Ihre Traumbilder zu erfassen und aus ihnen zu lernen: Vollziehen Sie mit Ihrer ganzen Vorstellungskraft Ihre nächtlichen Traumerlebnisse nach, führen Sie sie weiter, gestalten Sie sie um, wenn Ihnen etwas daran nicht gefallen hat - und lernen Sie über diese Art bildhafter, phantasievoller Beschäftigung mit Ihrem Innenleben sich selbst noch besser kennen.

Nicht durch Gewalt beherrscht der Mensch die Natur, sondern durch Verständnis.

Jacob Bronowski

Kapitel 6

Bilder sind Bausteine

»Die Imagination oder Vorstellungskraft ist eine Kraft, die das Schicksal unserer Welt und Ihr persönliches Schicksal geformt hat. Eine schöpferische Vorstellungskraft hilft Ihnen dabei, Ihr Potential als Mensch zu verwirklichen und Ihre Arbeit und Ihr tägliches Leben erfolgreich zu meistern. Sie werden bemerken, daß Sie neuen Ideen offener gegenüberstehen und Aufgaben schöpferischer bewältigen, wenn Sie Ihre Vorstellungskraft nutzen. (...) Sie werden neue Möglichkeiten und neue Wege zur Lösung Ihrer Probleme finden und sie aus anderen Blickwinkeln betrachten.«

(Aus: Patricia Mischell, *Denk' positiv!*, S.83f.)

Phantasie, Vorstellungskraft und Bilderdenken - wenn Sie diese geistigen ›Bausteine‹ entwickeln, werden Sie gleichzeitig auch Ihre Intuition, Ihren ›siebten Sinn‹ ausbilden. Besonders in Phasen der Entspannung, in denen Sie an nichts Bestimmtes denken, tauchen Intuitionen auf. Je mehr Sie nun daran gewöhnt sind, die inneren Bilder, die spontan entstehen, auch wahrzunehmen, um so eher erkennen Sie eine Intuition. Sie kann unaufgefordert erscheinen, sie kann genausogut als Antwort auf eine von uns gestellte Frage auftauchen. Sie ist eine Art bildhaftes Wissen aus dem Innern, das von uns vorsichtig erfaßt und gedeutet sein will.

Intuition ist ein erster Schritt; aus ihr ergibt sich oft eine Inspiration, eine Idee, die es umzusetzen gilt - und das Ergebnis ist neues Wissen und neue Erfahrung. Inspiration ist das Aufsteigen nicht nur einer einzelnen Idee, sondern meist gleich einer ganzen Flut von Gedanken. Sie ist entwickelte Intuition. Voraussetzung ist ein ruhiges Sich-nach-innen-Wenden, ein Vertrauen in die Bilder, die dabei aufsteigen, und die Phantasie und Vorstellungskraft, diese Bilder anzunehmen und weiterzuentwickeln.

Wenn Sie nun eine bestimmte Frage überdenken und Ihnen dazu keine einzige Bildvorstellung, nicht die geringste Intuition, kein noch so kleiner Baustein einfallen will, gibt es noch eine andere Technik, diese sozusagen herauszulocken: Sie überlegen sich eine Analogie oder ein ähnliches Bild:
»Analogien sind ein bequemes Startverfahren, wenn man nach neuen Mitteln und Wegen sucht, eine Situation zu betrachten, anstatt einfach auf eine Inspiration zu warten. (...) Eine Analogie ist eine praktische Methode, um in Schwung zu kommen, denn Analogien haben ein eindeutiges ›Eigenleben‹. Die Analogien sollen nichts beweisen. Sie werden nur als Anregung verwendet.«
(Aus: Edward de Bono, *Laterales Denken*, Econ Verlag, Düsseldorf/Wien 1992, S.189)

Bei einer Analogie geht es hauptsächlich darum, »eine Bewegung zu erzeugen« (S.181), einen erstarrten Gedankengang wieder in Schwung zu bringen. Eine Analogie kann einen einfachen Sachverhalt beschreiben, sie braucht nicht kompliziert zu sein. Aber »ihr Entwicklungsablauf muß bekannt sein. Es muß etwas geschehen oder ein Prozeß im Gange sein oder ein Verhältnis von einer bestimmten Art beobachtet werden können.«
(Ebenda, S.181)

Ein Beispiel: Sie sollen im Nebel einen bestimmten Weg finden. Versuchen Sie nun einmal, zu dieser Aufgabe eine Analogie zu bilden: Im Nebel einen Weg finden, das ist gewissermaßen so, wie ...

Zum Beispiel könnte man die Situation vergleichen mit einem Blinden, der versucht, sich zurechtzufinden, oder mit einem Reisenden, der in einer fremden Stadt einen Bahnhof sucht, oder mit jemandem, der in einem Buch nach einem bestimmten Zitat stöbert... (nach de Bono, S.188)

Überlegen Sie selbst einmal: Was würden Sie tun, wenn Sie in einer fremden Stadt am Bahnhof ankämen, und die Person, die versprochen hat, Sie abzuholen, wäre nicht da? Schreiben Sie sich Ihre ersten vier bis fünf Schritte auf, und dann übertragen Sie diese Ideen auf die Situation im Nebel:

1. _____

2. _____

3. _____

4. _____

5. _____

Das könnte zum Beispiel so aussehen: Sie stellen als erstes fest, wohin Sie vom Bahnhof aus überhaupt gehen wollen. (Das läßt sich auch auf die Nebel-Situation übertragen: Wo wollen Sie überhaupt hin?) Anschließend sehen Sie sich um, ob Sie jemanden fragen könnten. Auch das läßt sich übertragen. Nun suchen Sie einen Anhaltspunkt, wie etwa den Informationsschalter in der Bahnhofshalle. Auf der Straße könnte Ihnen ein Straßenschild den entsprechenden Dienst erweisen. Und so weiter, spielen Sie diese Geschichte in Ihrer Phantasie ruhig einmal durch; Sie werden auf überraschende Parallelen stoßen.

So setzen Sie also die Frage, mit der Sie nicht weiterkommen, in bezug zu einer Analogie und beobachten, wie sich diese Analogie weiterentwickelt. Könnte sich Ihre Fragestellung parallel zu dieser Analogie gestalten? Oder gibt es irgendwo Widersprüche? Was können Sie mit diesen Bildern, diesen Phantasie-Bausteinen anfangen? Wie weit gehen Sie in der Ausgestaltung Ihrer Analogie? Wollen Sie jeden einzelnen Bilder-Schritt gleich übertragen? Das alles werden Sie selbst in Erfahrung bringen, sobald Sie sich einmal an eine solche Aufgabe heranwagen. Edward de Bono gibt hier den folgenden Rat:

»Wahrscheinlich ist es nützlicher, Aufgabe und Analogie parallel zueinander zu entwickeln. Was bei der Analogie geschieht, wird (als Prozeß oder Verhältnis) auf das vorliegende Problem übertragen.

Zum Beispiel könnte man die Analogie eines Schneeballs verwenden, der einen Berg hinunterrollt, wenn man die Verbreitung von Gerüchten untersuchen will. Je weiter der Schneeball den Berg hinunterrollt, um so größer wird er. (Je weiter sich ein Gerücht verbreitet, um so überzeugender wird es.)«

(Ebenda, S.183)

Diese Methode funktioniert auch dann, wenn die Analogie nicht so gut übertragbar ist wie im eben genannten Beispiel: »Manchmal ist es besser, wenn sie nicht paßt, denn dann macht es Mühe, sie mit dem Problem zu verbinden, und aus dieser Bemühung können sich neue Betrachtungsweisen des Problems ergeben.« (Ebenda, S.184)

Dieses visuelle Sehen von gemeinsamen Strukturen und inneren Zusammenhängen führt zu einer klaren Neueinschätzung von Situationen und kann auch für die gesamte Lebenseinschätzung und -planung nutzbringend eingesetzt werden. Gerade das Zurückerinnern an frühere Erfolge, die man selbst erarbeitet hat, kann sehr viel stärker motivieren als ein gutes Fernseh- oder Kinoprogramm. Nutzen Sie diese Bilder-Bausteine als Treppe zum Erfolg! Je höher man die Entwicklung seiner Visualisierungsfähigkeit beim Gedächtnistraining ansetzt, um so leichter, schneller und motivierender treten die Erfolge beim Üben auch ein! Wer die Zweifel an seinen eigenen geistigen Fähigkeiten überwindet, hat es leichter, Fortschritte festzustellen. Das führt auch dazu, daß man sich an Aufgaben wagt, die man sich früher nicht zugetraut hätte.

Jeder geistige Fortschritt ermöglicht mit der Zeit auch materielle Fortschritte: Wer länger auf die Schule geht, verdient dann später auch besser. Doch wichtiger noch als das Lernen und die richtige Lerntechnik ist die eigene Motivation. Eine klare Zielvorstellung und das Bewußtsein für den rechten Weg, auf dem dieses Ziel erreichbar ist, sind die besten Grundlagen für eine erfolgversprechende Motivation. Die hier im Buch gezeigten Visualisierungstechniken helfen einerseits bei der Zieldefinition, andererseits tragen sie dazu bei, daß die geistige Entwicklung auf dem Weg zum phantasievollen Bilderdenken Spaß macht und schnelle Erfolge zeigt und somit die Motivation bestens fördert. Also bleiben Sie am Ball, und üben Sie einfach weiter! (Im Anhang finden Sie ausreichend Gelegenheit dazu!)

Phantasietraining, wie wir es hier betreiben, heißt Loslassen:
»Die Imagination ist die Kraft, die deine körperlichen, emotionalen und geistigen Energien zu einer dynamischen Harmonie vereint und deiner Seele Flügel verleiht.«
(Aus: Gabrielle Roth, *Das befreite Herz*, S.249)

Mit der Kraft Ihrer Imagination können auch Sie ›fliegen‹: In andere Bewußtseinszustände und Welten, in andere Vorstellungen. Je mehr Sie sich damit befassen, um so leichter wird es Ihnen fallen, solche Bereiche immer deutlicher wahrzunehmen, zu steuern und zur Harmonisierung Ihres Lebens zu nutzen. *Loslassen bringt eine neue Sicht der Gegebenheiten und führt zu Lösungsansätzen aus der Vogelperspektive,* die man vorher noch nicht gesehen hat, nicht sehen konnte. Verbunden mit dem Gedächtnistraining führt es früher oder später *zu einem sehr kreativen Lösungsfindungsdenken.* Das ist eine kompetente Form des positiven Denkens und wird Ihrer Bewußtheit in der gesamten Lebensgestaltung klare Fortschritte bescheren. Die eigentliche Fruchtbarkeit des

Gedächtnistrainings entsteht jedoch erst in der Kombination mit anderen Techniken wie zum Beispiel Rhetorik, Argumentation, Menschenkenntnis oder dem Neurolinguistischen Programmieren, kurz NLP genannt.

(Diese Verbindungen sind sehr schön beschrieben in *Gedächtnis ohne Grenzen vom gleichen Autorenteam*, erschienen beim Oesch Verlag, s. auch Literaturliste)

Und wieder eine kleine Übung für Sie:
Überdenken Sie einmal kurz, was Sie eben gelesen haben. Streichen Sie die Sätze an, die einen Bezug zu Ihrem Leben haben könnten oder die Sie persönlich stark motivieren. Und schreiben Sie selbst noch ein paar Sätze oder Gedanken dazu, die diese Ideen ergänzen:

_____

_____

_____

_____

Denken Sie auch einmal darüber nach, welches Ihre persönlichen Motivationspunkte sein könnten. Schreiben Sie sie auf, und stecken Sie diese Notizen hinter den Spiegel, so daß sie Ihnen während des Tages oft in die Augen fallen. Versuchen Sie, diese Motivationspunkte im Laufe der Zeit mit Geschehnissen in Ihrem Leben zu verbinden. So heben Sie den Alltag auf ein höheres, bewußteres Niveau und stärken Ihren Blick für die Fortschritte, die Sie erzielen. Das ist wichtiger und erfolgreicher, als wenn Sie sich viele Dinge nur planlos merken, ohne sie in höhere Zielstrategien einzubinden.

Wie man mit Phantasie, positivem Denken und der entsprechenden Motivation auch in scheinbar ausweglosen Situationen noch eine Lösung finden kann, zeigt die folgende kleine Fabel:

»Es lebte da einst ein gewisser Mr. Chin, der in einer amerikanischen Vorstadt einen kleinen Laden eröffnete. Er wohnte mit seiner Familie in einer kleinen Wohnung über dem Laden, schickte seine Kinder zur Schule und machte sich mit allen Nachbarn bekannt. Doch mit der Zeit wurde die Familie Chin Zielscheibe von Vorurteilen. Einige der Nachbarn schrieben ›Go home Chins‹ auf das Ladenfenster, und in dem Block wurde ein Geschäft nach dem anderen aufgegeben. Die Familien, die in der Nachbarschaft der Chins wohnten, zogen nach und nach aus der Gegend fort.

Dann begann eines Tages eine große Warenhauskette die leerstehenden Geschäfte aufzukaufen. Als die Vertreter dieser Firma versuchten, auch Mr. Chin zum Verkauf zu überreden, lehnte er ab. (...) Sie malten ihm eine düstere Zukunft aus und daß er mit seinem Laden nichts mehr verdienen würde und drängten ihn zum Verkauf, doch Mr. Chin weigerte sich standhaft.

Und so begann die Warenhauskette, die Läden in der Nachbarschaft von Mr. Chin nach modernen Bedürfnissen umzubauen. Am Tag vor der Eröffnung hängten die Arbeiter rechts und links von Mr. Chins Laden Spruchbänder auf, auf denen stand ›Große Neueröffnung‹. Am folgenden Morgen, kurz vor der Eröffnung, kletterte Mr. Chin auf eine Leiter und brachte über der Tür seines Geschäftes ein Schild an, auf dem stand: ›Eingang hier‹.

Das ist positives Denken!«
(Aus: Patricia Mischell, *Denk' positiv!*, S.25f.)

Mit positivem Denken und genauen Zielvorstellungen können auch Sie unter Zuhilfenahme Ihrer *unendlichen* Vorstellungskraft mehr erreichen! Machen Sie bei nächster Gelegenheit einmal die folgende Übung:

Vergegenwärtigen Sie sich Ihren Tagesablauf. Überlegen Sie sich eine Situation, die vielleicht immer wiederkehrt, die Sie im Ablauf noch verbessern könnten. Spielen Sie sie gedanklich durch und sehen Sie bereits jetzt ein besseres Endresultat vor Ihrem inneren Auge. Gehen Sie diesen Weg zum besseren Ergebnis mehrfach durch, sehen Sie möglichst bildhaft und plastisch vor sich, wie Sie das erreichen können. Verbessern Sie den Weg bei jedem Durchgang noch ein wenig mehr. Stellen Sie sich das Erfolgserlebnis, das am Ende dieses Weges steht, so intensiv wie möglich und in allen Einzelheiten vor. Dieses positive Denken ist für den Erfolg sehr wichtig. Es stärkt Ihr Selbstvertrauen und Ihren Optimismus und weckt eine freudige Erwartungshaltung. Mit einer solchen Einstellung wird es Ihnen sicherlich leichter fallen, das gewünschte Resultat auch tatsächlich zu erreichen.

Wichtig ist, daß Sie Ihre Zielvorstellungen anfangs nicht gleich zu hoch ansetzen. Beginnen Sie mit einfachen Dingen, beobachten Sie Ihre Erfolge und steigern Sie sich dann langsam, stufenweise, zu größeren Aufgaben. Denken Sie daran: Die intensive Vorstellung ist bereits der erste Schritt zur Realisierung! Durch die Kraft der bildhaften Vorstellung können Sie vieles in Ihrem Leben auf einfachste Weise erreichen.

»Wir sind das, was wir denken.
Alles, was wir sind, entsteht durch unsere Gedanken.
Mit unseren Gedanken erschaffen wir die Welt.
Spreche oder handle mit unreinen Gedanken, und das Unglück wird dich verfolgen wie das Rad den Ochsen, der den Karren zieht.
Wir sind das, was wir denken.
Alles, was wir sind, entsteht durch unsere Gedanken.
Mit unseren Gedanken erschaffen wir die Welt.
Spreche oder handle mit reinen Gedanken, und das Glück wird dir auf dem Fuße folgen wie dein Schatten, unerschütterlich.«
(Dhammapada)

Eine Idee muß Wirklichkeit werden können, oder sie ist nur eine eitle Seifenblase.

Berthold Auerbach

Kapitel 7

Strategie und Visualisierung

Vorstellungskraft befestigt schweifende Gedanken, die sich sonst im Nichts verlieren würden. Die Gedanken führen zu Taten und ergeben in ihrer Gesamtheit das jeweilige Schicksal. Lenken Sie also Ihre Gedanken, und zwar in eine Richtung, die Ihnen von Vorteil ist. Mit Bildern, bildhafter Gestaltung, Bilderdenken und Phantasie wird es Ihnen sicher nicht schwerfallen.

»... Und was in schwankender Erscheinung schwebt,
befestiget mit dauernden Gedanken!«

läßt Goethe in seinem *Faust* den Herrn sagen; und es ist sicher auch für Sie, liebe Leserin und lieber Leser, eine wertvolle Übung, wenn Sie einmal alle Ihre wichtigen und kostbaren Gedanken durch Bilder neu beleben. *Setzen Sie Ihre Persönlichkeitsentwicklung auf einer höheren Stufe fort, wo das Vorankommen leichter und offensichtlicher ist.*

Jede höhere Stufe, die Sie auf Ihrem Weg erklimmen, ermöglicht es Ihnen ab und zu, einem lieben Mitmenschen, der ebenfalls auf der Suche ist, ein wenig zu helfen und den Weg zu weisen. Doch zunächst sollte jeder Mensch erst einmal nach seinem eigenen Weg suchen. Jeder hat eine tief in seinem Innern ruhende Begabung, die eines Tages - positiv oder negativ - durch äußere Geschehnisse ›entzündet‹ wird.

Setzen Sie Ihre Vorstellungskraft dafür ein, Ihre Gedanken, Willenskräfte und Gefühle auf eine höhere Stufe zu erheben. Denken Sie zum Beispiel einmal darüber nach, was Ihnen zu dem Begriff ›Gottsuche‹ an Gedanken und Ideen einfällt. Sammeln Sie Ähnlichkeiten, und denken Sie für einige Tage auch an versteckte Varianten. Selbst ein Psychologe oder Forscher, der die Kirche nur von außen kennt, sucht Gott oder die göttliche Wahrheit auf seinen (Um-)Wegen. So ist eigentlich Psychologie oder Wissenschaft auch nur eine weitere Tür zur Gottsuche, die aus früheren Zeiten geblieben ist. Unbewußt suchen nämlich die meisten Menschen nach einem höheren Geisteszustand; so meinte auch schon Louis Pasteur:

»Ein wenig Wissenschaft entfernt uns von Gott, viel jedoch führt uns zu ihm zurück.«

(Aus: Jean Guitton, Grichka und Igor Bogdanov, *Gott und die Wissenschaft*, dtv, München 1996, S.5)

Zum Beispiel suchen auch der Gelehrte und die Leseratte gleichermaßen unbewußt nach Gott: Der Gelehrte geht weite Strecken ohne Führer auf einem steinigen Weg vom Glauben zum Wissen; die Leseratte sucht in Büchern nach einer höheren Sphäre, weil die Alltagswelt zu trocken und langweilig ist. Auch hier sind Imagination oder Vorstellungskraft die bewegenden Kräfte, die unsere Sicht der Welt beeinflussen und unser Schicksal mitbestimmen können.

Sogar die Entscheidungsfähigkeit in zweifelhaften Situationen läßt sich durch gezielte Imagination nutzbringend unterstützen. Wenn Sie zwei Möglichkeiten haben, sich zu entscheiden, aber nicht wissen, welche für Sie im Moment die bessere ist, dann malen Sie sich beide Bilder gleichermaßen aus. Stellen Sie sich vor, was passiert, wenn Sie Lösung A wählen; malen Sie sich genauso aus, was auf Sie zukommt, wenn Sie Lösung B wählen. Machen Sie hypothetische Momentaufnahmen: Wie sieht wohl Ihre Situation in zwei, sechs, zwölf Monaten aus, wenn Sie sich für A beziehungsweise B entscheiden? Wie werden Sie sich dann fühlen? Was für Konsequenzen kommen jeweils auf Sie zu?

Wenn Sie sich die beiden Richtungen jeweils bildhaft vorstellen und in Ihrer Phantasie mit allen möglichen Folgen ausmalen, haben Sie eine fundierte Entscheidungsgrundlage, die es Ihnen leicht macht, guten Gewissens und aus voller Überzeugung heraus für eine der beiden Seiten zu stimmen. Es gibt auch die ›Sowohl-als-auch‹-Lösung, also die Möglichkeit, sich im Wechsel mit beiden Seiten anzufreunden. Derartige Entscheidungssituationen begegnen Ihnen ja tagtäglich; auch wenn es dabei nicht unbedingt um solche schwerwiegenden Fragen geht wie bei *Herakles am Scheideweg*:

»Herakles war nicht mehr mit seiner Tätigkeit als Hirt unter Hirten zufrieden. Eines Tages trennte er sich von ihnen und den Herden und ging in eine einsame Berggegend, um über seinen künftigen Lebensweg nachzudenken. Sinnend schritt er dahin. Da kam er an einen Scheideweg und wußte nicht, ob er den rechten oder den linken Weg einschlagen sollte. Als er unschlüssig dastand, sah er von jedem der beiden Pfade eine herrliche hochgewachsene Frau auf sich zukommen. Die eine war in ihrem Auftreten voller Anmut und Bescheidenheit. Ihr Haupt hielt sie gedankenvoll gesenkt. In ihrem weißen Gewande schien sie ihm von überirdischem Adel zu sein. Die andere ließ ihre Blicke keck umherstreifen. Sie war wohlgenährt und von üppiger Gestalt. Ihre Wangen waren übermäßig geschminkt. Ihr Gang war stolz und selbstgefällig. Ja, sie begaffte sogar voll Wohlgefallen ihren Schatten. Sie hatte Herakles bald gesehen und eilte, um der anderen Frau zuvorzukommen, schnell auf ihn zu. Von weitem lächelte sie ihm vertraulich und herausfordernd zu. Mit gezierter Aussprache, schmeichelnden Worten und koketten Blicken redete sie zu ihm: ›Herakles, mein Lieber, ich sehe, daß du nicht weißt, welchen Lebensweg du einschlagen sollst. Sieh mich nur an. Gefalle ich dir nicht? Ich werde dich eine bequeme Straße voller Freuden und Genüsse führen. Nichts soll dir abgehen. Jede Unannehmlichkeit soll dir fernbleiben. Du brauchst nicht zu arbeiten oder dich sonst abzumühen. Kriege und andere unangenehme Geschäfte werden dich nicht stören. Du wirst bei Essen, Trinken, Musik, Spielen aller Art, Ruhen auf weichem Lager und Nichtstun glücklich sein. Dein Leben wird ein einziger schöner Traum sein.‹

Als Herakles so viele lockende Versprechen hörte, fragte er erstaunt: ›O Weib, wer bist du, die du mir die irdische Glückseligkeit versprichtst, ohne daß ich einen Finger krumm zu machen brauche?‹

›Herakles, du hast es erraten. Ich bin die Glückseligkeit. So nennen mich meine Freunde, aber meine neidischen Feinde, die mich überall verleumden, wo sie nur können, nennen mich das Laster.‹

Inzwischen war auch die andere Frau herangekommen. Sie sprach: ›Auch ich sehe, daß du unentschlossen an einem Scheidewege stehst. Höre mich an, denn ich kenne deine Eltern, deine körperlichen und geistigen Anlagen, deine Lehrer und Erzieher. Du hast von ihnen alles empfangen, was dich zu einem gütigen und großen Manne machen kann. Doch wisse, der Weg, den ich dir weisen möchte, ist steil und steinig, denn ohne Mühe und Arbeit gewähren die Götter nicht, was gut und edel ist. Willst du, daß sie dich lieben, mußt du sie verehren und ihnen dienen. Willst du, daß die Menschen dir zugetan sind, mußt du ihnen helfen. Möchtest du vom Staat geehrt sein, mußt du ihm treu dienen. Willst du in ganz Griechenland zu Ansehen kommen, mußt du sein Wohltäter werden. Willst du ernten, so mußt du säen. Willst du siegen, so mußt du die Waffen führen können. Willst du deinen Körper in der Gewalt haben, mußt du ihn durch Arbeit und Mühsal abhärten. Wenn du diesen Weg gehst, wirst du dir die ewige Glückseligkeit erringen. Ich bin die Tugend, die bei Irdischen und Himmlischen seit jeher gleichermaßen beliebt ist.‹

Herakles rief voller Begeisterung: ›Nur deinen Weg wähle ich!‹ Kaum hatte er das gesagt, waren beide Frauen verschwunden.«

(Aus: Gustav Schwab, *Die schönsten Sagen des klassischen Altertums*, Goldmann Verlag, München S.67f.)

Die lebendige bildhafte Beschreibung der Konsequenzen, die die beiden Frauen ihm vortrugen, machte es Herakles leicht, sich für die eine von ihnen zu entscheiden. Und so können auch Sie Ihr Bilderdenken immer wieder nutzen, um sich Entscheidungsprozesse zu erleichtern.

Stellen Sie sich einmal vor, es ist Silvester; Sie machen eine Jahres-rückschau und überlegen gleichzeitig, was Sie im neuen Jahr so alles vorhaben. Diese Situation eignet sich hervorragend dazu, einmal eine Zukunftsplanung oder ein bestimmtes Vorhaben visionär durchzuspie-len: Überlegen Sie detailliert, was Sie in diesem bestimmten Fall für Möglichkeiten haben. Spielen Sie jede einzelne Variante in Gedanken durch; machen Sie sich kleine ›innere‹ Filme, sehen Sie die Zukunft deutlich, farbig, lebhaft und in allen Einzelheiten vor sich. Nehmen Sie sich auch genügend Zeit, und schaffen Sie die nötige Ruhe, damit Sie sich ungestört in Ihre Zukunft versetzen können.

In der Kraft der bildhaften Vorstellungen finden wir die Verbindung zu einer höheren Ebene unseres Wesens. Dieses höhere Ich äußert sich als lebendige Selbsterkenntnis, geistig-bildhaft wirkende Schöpfungs-kraft, innere Erkenntnis über Zusammenhänge und Konsequenzen - kurz: Hier finden die Vernetzung und Auswertung der wichtigen Lebensbe-reiche, Erfahrungen und Erkenntnisse zu neuen Wegen und Möglich-keiten statt.

Die persönliche Entscheidung für eine von zwei gegebenen Mög-lichkeiten bedeutet aber nun nicht, daß Sie ein für allemal an dieser Entscheidung festhalten müssen. Im Gegenteil: Sollte sich später her-ausstellen, daß der andere Weg besser gewesen wäre, oder sollten sich einfach die Umstände entsprechend geändert haben, so daß die Basis der damaligen Entscheidung nicht mehr gegeben ist, dann ist es für Sie beinahe ein Muß, sich den neuen Erkenntnissen anzupassen und neu zu entscheiden. Bleiben Sie flexibel, ohne wankelmütig zu sein, und gestalten Sie Ihre Pläne je nach Bedarf neu aus.

Auf diesen Wegen der eigenen Lebensgestaltung ist natürlich immer wieder von größter Wichtigkeit, die Bereiche ›Strategie‹ und ›Visuali-sierung‹ miteinander praktisch zu verbinden. Die Ausgeglichenheit dieser Bereiche kreiert die besten Lösungen, *so wie Ausgeglichenheit überhaupt die naturgegebene Grundformel der Geschehnisse in der ganzen Welt ist:* Zuviel Arbeit ohne Pausen ist genauso schädlich wie zuviel Sonne ohne Regen; es braucht immer *ein Gleichgewicht zwischen den Polaritäten,* ein Gleichgewicht zwischen Tag und Nacht, Mann und Frau, Sommer und Winter und so weiter.

Das Vereinfachen von komplexen Tatsachen wird Sie nach und nach zu einfachen, bisher oft übersehenen Lösungsansätzen führen. Sie werden überrascht sein. Beachten Sie zum Beispiel die wechselnde Balance von

- Beruf und Privatleben
- Idee und Geld
- Geist und Materie
- Redner und Zuhörer
- Autor und Leser / Autor und Verleger
- Aufwand und Ertrag
- Verdienst und Ausgaben
- Wille und Gefühl

und so weiter. Sicherlich wird es Ihnen gelingen, je nach Anforderung und Bedarf, diese Liste der Polaritäten selbst ins Unendliche fortzusetzen. Doch erst das Umsetzen in bildhafte Vorstellungen (je ein bewegtes Bild für jedes Gegensatzpaar) zeigt, wie diese beiden Werte jeweils zusammenwirken, sich gegeneitig durchdringen, voneinander abhängig sind, sich wechselseitig unterstützen und so weiter. Das ist das grundlegendste Naturgesetz:

Polarität ist das Prinzip, das als Basis aller Naturwissenschaften wirksam ist.

Dies soll auch die folgende Skizze verdeutlichen. Die Eigenschaften bauen wie die Mauern eines Hauses aufeinander auf: Klugheit, Mäßigkeit und Hoffnung auf der einen, Stärke, Gerechtigkeit und Glaube auf der anderen Seite. Über allem als Ziel: Die ideale Balance.

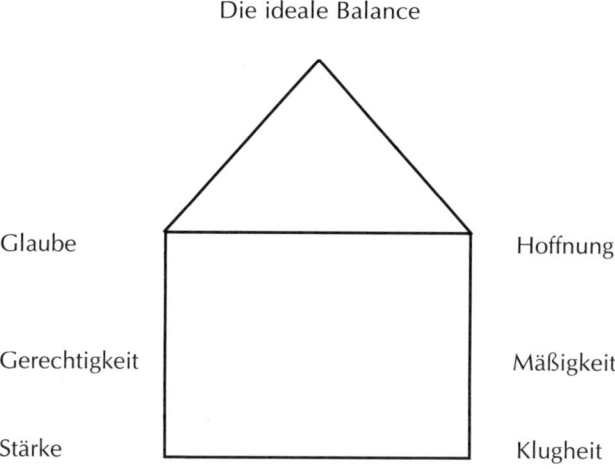

Die ideale Balance

Glaube   Hoffnung

Gerechtigkeit   Mäßigkeit

Stärke   Klugheit

Eine Vernachlässigung dieser anzustrebenden Balance finden wir zum Beispiel bei einem Gedächtnistrainer, der so in seine ›Stärke‹ vernarrt ist, daß er einen Kurs nach dem anderen hält und weder dazu kommt, ab und zu eine Pause einzulegen, noch einmal darüber nachzudenken, ob sich dieses extreme Engagement auch finanziell rentiert. Fazit ist nämlich, daß er aufgrund der großen Zahl seiner Seminare keine Zeit hat, Rechnungen zu schreiben, und außerdem deutlich in die Steuerprogression gerät. So muß er im Endeffekt mehr Steuern zahlen, als wenn er zwei oder drei Kurse weniger halten würde. Sein Kollege dagegen setzt auf die ›Klugheit‹: Er plant zuerst seine Finanzen und macht die Zahl der Seminare von der zu erwartenden Steuersumme abhängig - schwierig wird es für ihn, wenn er aufgrund dieser Taktik potentielle Kunden ablehnt und für die Zukunft verliert.

Im Grunde bewundern sich diese beiden Kollegen gegenseitig, weil jeder hauptsächlich die Eigenschaften verkörpert, die dem anderen deutlich fehlen. *Stärke allein ist genauso wenig effektiv wie Klugheit allein;* der tüchtige Trainer, der sich überarbeitet und nicht dazu kommt, seine Rechnungen beizeiten zu schreiben, kommt auf Dauer genausowenig auf einen grünen Zweig wie sein Kollege, der zuviel taktiert und zu wenig arbeitet.

Stärke, Gerechtigkeit und Glaube bauen aufeinander auf, ebenso Klugheit, Mäßigkeit und Hoffnung. Erst in der ›idealen Balance‹ jedoch kommen alle diese Eigenschaften optimal zur Geltung. So richtig verständlich wird dieses Modell am ehesten, wenn man einmal die jeweils negativen Auswirkungen betrachtet:

Stärke ohne Klugheit wird leicht gewalttätig,
Klugheit ohne Stärke ist listig und hinterhältig,
Gerechtigkeit ohne Mäßigkeit ist oft ungerecht,
Mäßigkeit ohne Gerechtigkeit bringt leicht Nachteile mit sich;
Glaube ohne Hoffnung ist blind,
Hoffnung ohne Glaube zu langsam.

Hier bekommt jeder Baustein seine Bedeutung erst durch seinen Gegenpart und seine Wirksamkeit erst durch das effektive, ausgeglichene Zusammenspiel mit diesem. Das Prinzip läßt sich wunderbar übertragen auf das Zusammenwirken von ›Strategie‹ und ›Visualisierung‹: Eine Strategie ohne Vision führt genauso langsam zum Ziel wie eine bildhafte Vorstellung ohne den möglichen Weg, auf dem sie zu erreichen wäre. So schafft die Verbindung von ausgeklügelter Strategie und intensiver Visualisierung die besten Voraussetzungen für eine erfolgreiche Durchführung des entsprechenden Vorhabens.

Lernen Sie visualisieren, vereinfachen, ausgleichen. Sie werden staunen, wie Sie mit dem Bilderdenken die Welt um sich herum nicht nur noch viel bewußter als bisher, sondern sogar völlig neu entdecken!

Groß ist der, der von Natur aus ist, was er ist, und uns nie an andere erinnert.

Ralph Waldo Emerson

Kapitel 8

Schon damals in Neapel

Gedächtnistraining ist eine uralte Kunst, die bis auf die Griechen und Römer zurückgeht. Trotz der hohen Blüte ist sie dann im Mittelalter seltsamerweise verschwunden und wurde erst in den letzten Jahrzehnten langsam wiederentdeckt. In seinem Roman *Ägypten* erzählt John Crowley, vielfach preisgekrönt als Amerikas bedeutendster Autor des phantastischen Romans, (und nicht identisch mit dem in England so berüchtigten Tarot-Crowley), von Giordano Bruno, der 1564 in den Dominikanerorden des Klosters von San Domenico Maggiore in Neapel eintrat. Dort hatte er Gelegenheit, sein an sich schon gutes Gedächtnis noch weiter zu vervollkommnen:

»Einhundert Jahre zuvor waren die ersten Bücher nach der neuen *ars artificialiter scribendi* gemacht worden, der Kunst des künstlichen Schreibens, der Buchdruckerkunst (...), aber der Orden der Bettelmönche weiht noch immer seine Novizen in die Geheimnisse der Gedächtniskunst ein, die so alt ist wie der Gedanke selbst.

Nimm einen großen und komplexen öffentlichen Raum - eine Kirche zum Beispiel - und präge ihn deinem Gedächtnis genau ein, jeden Seitenaltar, jede Kapelle, Nische und den Boden. Kennzeichne nun jede fünfte Stelle, in deiner Vorstellung, mit einer Hand; kennzeichne jede zehnte mit einem X. Jetzt ist dein Erinnerungshaus fertig. Um es zu benutzen, sagen wir, um den Inhalt einer Predigt zu lernen, die du halten mußt, oder ein Manuskript mit den Ordensregeln, oder ein Sündenregister und die entsprechenden Strafen, dazu mußt du für die einzelnen Gedanken, die du behalten möchtest, anschauliche Bilder in deiner Vorstellung entwerfen. Aristoteles sagt deutlich - und der heilige Thomas von Aquin folgt ihm darin -, daß körperliche *similitudes* das Gedächtnis viel leichter reizen und anspornen als der nackte Gedanke an sich. Wenn du also über die Sieben Todsünden predigen willst, entwirf sie als böse, häßliche Figuren und entwickele entsprechende Merkmale für ihre Eigenschaften (aus dem Mund des Neids erstreckt sich eine ekelhafte Viper anstelle einer Zunge; die Augen des Zorns flammen rot auf, und er ist bis an die Zähne bewaffnet). Dann laß sich deine Figuren der Reihe nach an ihren Platz stellen, in der Kirche oder auf dem Marktplatz oder in dem Palast, was immer du als Erinnerungshaus verwendest, und während du redest, wird jede einzelne Gestalt dich von sich aus auffordern: jetzt sprich von mir, jetzt sprich von mir.

Auf diese Art hatten die Scholastiker einen Kunstgriff der Rhetoriker weiterentwickelt, den Cicero und Quintillian kurz erwähnen; und zu der Zeit, als Bruder Giordano sich die Kirche von San Domenico einprägte, reichten noch nicht einmal ihre endlosen Nebenräume und Nischen, um das zu halten, was er auswendig lernen mußte.«

(Aus: John Crowley, *Ägypten*, Fischer Verlag, Frankfurt 1991, S.380f.)

Diese Technik ist unseren Bildsymbolen durchaus vergleichbar, wenn man auch berücksichtigen muß, daß damals viel mehr Zeit aufgewendet werden konnte, um eine solche Kunst zu pflegen und weiterzuentwickeln. Giordano Bruno war neugierig, lern- und wißbegierig, und so trieb er seine Gedächtnisstudien immer weiter, weil er sich so auch die Inhalte von Schriften merken konnte, die er nur kurz und heimlich zu Gesicht bekam:

»Er lernte ein ganzes System der Gedächtniskunst auswendig, nicht einfach nur Gedanken und Ideen, sondern die genauen Worte des Textes, indem er für jedes einzelne ein Ersatzwort fand: so daß zum Beispiel

das geistige Bild von einer Stadt (*Roma*) den Sprecher daran erinnerte, als nächstes von Liebe (*amor*) zu sprechen. (...) Giordano merkte, daß ihm solche Tricks mit Leichtigkeit von der Hand gingen; er komponierte ein eigenes Vogelalphabet, *anser* die Gans für A, *bubo* die Eule für B, und so weiter, bis er so weit war, daß er *In principio erat verbum* fliegen und sich gleichsam einen Vogelschwarm auf seine Schultern setzen lassen konnte. Seine einzige Schwierigkeit bestand darin, das, was einmal an seinen Platz gestellt war, wieder zu vertreiben und die Kirche von San Domenico Maggiore zu befreien von ihren Vögeln, Hacken, Schaufeln, Leitern, allegorischen Figuren mit Schlangen als Zungen (...)«
(Ebenda, S.381f.)

Die Kunde von seinem phantastischen Gedächtnis verbreitete sich in der Umgebung, und so wurde er eines Tages von der *Academia secretorum naturae*, der Schule der Naturgeheimnisse, eingeladen. Die Lehrer der Akademie stellten ihn hart auf die Probe:
»Einer von ihnen hatte eine Liste mit langen Unsinnswörtern gemacht, die beinahe identisch waren, aber nicht ganz - *veriami, veriavi, vemivari, amiava* - dreißig oder mehr davon. Giordano zerlegte sie in Einzelteile, und für jedes Teil dachte er sich einen visuellen Anhaltspunkt: Vögel (*avi*), Liebende (*ami*), ein Buch der Wahrheiten (*veri*), ein Bündel Zweige (*rami*). Dann, die Hände im Schoß gefaltet und die Augen mit diesem in weite Ferne gerichteten Blick (denn sie sahen die Szenen, die er aus den Anhaltspunkten entworfen hatte, innerlich an sich vorüberziehen), nannte er sie alle, und noch einmal, und in anderer Reihenfolge. Ein Mädchen gab ihrem Geliebten eine weiße Taube, in einem Käfig aus Stöckchen, und er verkaufte sie für ein Buch. Es geschah auf der Piazza vor der Kirche in Nola, im sengenden August; er konnte den schüchternen Blick des Mädchens sehen, das gesprungene Leder des Buches riechen, den schnellen Herzschlag des Vogels unter seinen Fingern spüren: Jahre später würde er hin und wieder von diesen Figuren und ihren Geschichten träumen, dem Mädchen, dem Vogel, dem Jungen, dem Buch, den Stöckchen.«
(Ebenda, S.390)

Schließlich wurde ihm sogar eine Audienz beim Papst in Rom gewährt. Dort jedoch stieß Giordano Bruno nicht auf die erwartete Resonanz; die Würdenträger benutzten ihn als Spielball für ihre eigenen Zwecke, und *Sanctissimus*, der Papst, äußerte sich abfällig über die Gedächtniskunst:

Man versuchte das Kunststück mit *amiavi - amaveri - veravama*, aber *Sanctissimus* konnte dem Vorgang nicht folgen, und es mußte schnell aufgegeben werden.

- Wir haben diese Kunst studiert, als Wir jung waren, sagte der Papst (...).
- Jetzt brauchen Wir sie nicht mehr. Ihr seht, Wir sind hier jetzt von Schreibern umgeben, die für Uns alles behalten, was Wir behalten müssen. Vielleicht werdet Ihr eines Tages einer von ihnen sein. (...)«
(Ebenda S.410f.)

Wir sind heute wieder auf dem Weg, uns diese altbewährten Techniken zu erarbeiten, um uns dadurch in Beruf und Privatleben vieles zu erleichtern. Gedächtnistraining nach der Geisselhart-Methode bleibt nicht beim Einspeichern von Einkaufslisten stehen, sondern fördert darüber hinaus die Phantasie und das Vorstellungsvermögen des Übenden. *So können Sie auf einfachste Weise von der Fragestellung zum Lösungsfindungsdenken gelangen:* Erweitern Sie die Möglichkeiten, die Sie bis jetzt sehen konnten, um die breite Palette der ›phantastischen Ideen‹!

Wenn Sie ein spannendes Buch lesen, zum Beispiel den eben zitierten Roman, fällt es Ihnen ja auch nicht schwer, sich in den beschriebenen Zeitraum hineinzuversetzen. Dann können Sie diese Zeitsprünge genausogut auch selbst gestalten! *In unserer Vorstellungskraft und im alltäglichen Denken können wir mit etwas Übung die Zeiträume Vergangenheit-Gegenwart-Zukunft erweitern* und so unser Bewußtsein und unsere Wahrnehmung noch gezielter auf die uns jeweils wichtigen Aspekte richten:

- Ein Altertumsforscher, z.B. ein Ägyptologe, wird sein Bild von der Vergangenheit erweitern und so den Blick für die wesentlichen Erkenntnisse von damals schärfen;

- ein Zukunftsforscher macht sich ein visionäres Bild von der Zukunft und findet dort Neues;
- wer meditiert, erweitert automatisch seinen Eindruck von der Gegenwart und gleichzeitig auch seine inneren Tiefen und Höhen.

Durch den Einsatz von Phantasie und Bilderdenken kann das Bewußtsein eines jeden gesunden und ausgeglichenen Menschen erheblich intensiviert werden, so daß *durch die Erhebung in die höheren Bewußtseinsschichten Visionen noch leichter zugänglich und somit eben auch einfacher realisierbar werden.*

Im folgenden schlagen wir Ihnen eine Übung vor, die Ihnen neue Perspektiven eröffnen wird: Versetzen Sie sich einmal gezielt in Vergangenheit, Gegenwart oder Zukunft, und beobachten Sie die Phänomene, die dabei auftreten:

a)
Entspannen Sie sich und lassen Sie alle Fragen für die Dauer dieser Übung los. Stellen Sie sich vor, Sie leben zum Beispiel im alten Ägypten. Suchen Sie in jedem kleinsten Winkel Ihres Gedächtnisses alles hervor, was Sie jemals über diese Kultur gelesen, gesehen oder erfahren haben, sei es in Büchern oder Filmen, auf Reisen oder im Geschichtsunterricht. Und dann sehen Sie sich selbst als Person, die in dieser Kultur lebt, agiert, ihren (All-)Tag verbringt: Was tun Sie? Was ist Ihre Aufgabe? Wo wohnen Sie? Wie leben Sie? Womit verdienen Sie Ihren Lebensunterhalt?
Sammeln Sie die Eindrücke, die Sie spontan haben, und überlegen Sie anschließend, ob Sie zwischen diesen Bildern und Ihrem heutigen Leben Zusammenhänge oder Gegensätze erkennen können.

b)
Genauso gehen wir für die Gegenwart vor: Entspannen Sie sich. Dann denken Sie an eine Begebenheit, Situation oder Aufgabe, die Sie gerade

stark beschäftigt, und stellen Sie sich vor, Sie gehen einmal anders als bisher an die Sache heran. Schaffen Sie sich lustige, lebendige Bilder; kreieren Sie Bewegung und Spaß, erfinden Sie neue, unkonventionelle Lösungen. Wie würde zum Beispiel der Bundeskanzler an diese Sache herangehen, wie die kleine Nachbarstochter oder die Kassiererin im Supermarkt? Lassen Sie wie eben die ganze Bandbreite Ihrer Phantasie spielen, und beobachten Sie, was dabei passiert. Die visionäre Ausdehnung von Vergangenheit und Gegenwart verursacht angenehme Gefühle.

c)
Aller guten Dinge sind drei: Machen wir einen Ausflug in die Zukunft. Stellen Sie sich vor, Sie leben im Jahr 2525. Wie wird da die Welt wohl aussehen? Und wieder dieselben Fragen: Was tun Sie? Was ist Ihre Aufgabe? Wo werden Sie wohnen, wie werden Sie leben? Was haben die Bilder, die jetzt vor Ihrem geistigen Auge auftauchen, die Sie nach Belieben ausschmücken und verändern können, mit Ihrem jetzigen Leben zu tun? Wie würden Sie die Fragen, die Sie jetzt haben, wohl in dieser Situation lösen können? Oder haben Sie beschlossen, ganz andere Aufgaben zu bewältigen? Wenn ja, welche könnten das sein? Die visionäre Erweiterung von Gegenwart und Zukunft kann zu Überschwenglichkeit und gesteigerten Sinneswahrnehmungen führen!

Versuchen Sie nun, die Eindrücke und Ergebnisse dieser drei Übungen miteinander zu verbinden. Betrachten Sie die Bilder von einer höheren Warte aus und erkennen Sie die Vernetzung:

- Was haben diese kleinen Geschichten, die da entstanden sind, gemeinsam? Worin unterscheiden sie sich?
- Gibt es Unterschiede in bezug auf die Rolle, die Sie jeweils in Ihrer Umgebung spielen?
- Hat sich an Ihrer Wahrnehmung durch die Übungen etwas geändert? Gibt es da neue oder andere Schwerpunkte?

- Gibt es für Sie Unterschiede in der Wahrnehmungsintensität auf den einzelnen Zeitstufen (Vergangenheit, Gegenwart, Zukunft)?

Sie können sich in Ihrer Phantasie auf die schönsten Abenteuerreisen begeben und dabei sogar noch eine ganze Menge Neuigkeiten über sich selbst erfahren. Nutzen Sie dieses Potential, sooft Sie können; diese Art von Lösungsfindungsdenken läßt ihre Persönlichkeit reifen und in ungeahnte Erkenntnishöhen vorstoßen!

Bedenken Sie auch folgendes:
Wenn wir unsere Alltagsgedanken mit Konzentration und Ausdauer reduzieren und ihr Aufsteigen willentlich verhindern, tauchen wir automatisch ein in tiefer liegende Schichten unserer Persönlichkeit. Die Inder nennen diese Art von Konzentration ›Dharana‹, das Zurückziehen der Aufmerksamkeit von der Außenwelt. Kindheitserinnerungen erwachen zu neuem Leben; gehen Sie ruhig noch ein Stück weiter: Mit welchen Schicksalen, welchen Personen aus der Vergangenheit könnten Sie sich (auch nur entfernt) analog verbunden fühlen? *Welche positiven Prinzipien und historischen Ereignisse lösen eine angenehme Resonanz in Ihrem Innenleben aus?*

Suchen Sie in Ihrer Erinnerung nach früheren Verhaltensmustern, zum Beispiel aus ihrer Kindheit. Führen Sie hierüber Tagebuch: Welche früheren Wünsche und Jugendträume konnten Sie in Ihrer Kindheit nicht realisieren? Knüpfen Sie in Gedanken hier an, und Sie schaffen automatisch weitere Motivatoren, die Ihr Leben erfüllter machen. *Indem Sie sich die Szenen dieser frühen Eindrücke bewußter machen, werden Sie gedanklich noch lebendiger werden.* Das ist reine, frische ›Jugend-Energie‹!

Trotz der damaligen Meinung von Eltern, Lehrern und Erziehern können Sie Ihre heutige Selbstbestimmung immer noch steigern: Wer sich selbst mehr liebt, kann auch ohne Eigenverlust die anderen mehr lieben und als reife Persönlichkeit mehr Anpassung praktizieren, ohne sich selbst dabei aufzugeben oder hintanzustellen. Mit der Zeit der eigenen persönlichen Ausbildung kommt es darauf an, immer mehr auch die eigenen Entscheidungen zu treffen, den eigenen Willen zu verwirklichen. Dazu müssen Sie Ihren Willen natürlich klarer erforschen, zum Beispiel auch an seinen frühesten Wurzeln, denn wer fremden Ideen folgt, läuft Gefahr, einen falschen Weg zu gehen.

Erhöhen Sie Ihre eigene Selbstbestimmung mit dem Visualisierungstraining! Studieren Sie Eigenschaften und Verhalten von historischen Persönlichkeiten; welche Charaktere lösen bei Ihnen spontane Sympathie aus? *Das Sein bestimmt das Bewußtsein* und damit auch Ihr Denken und Vorstellen. Mit welchen Rollen würden Sie sich am liebsten identifizieren? Dort liegen Ihre weiteren Motivatoren, Ihre neuen Chancen!

Doch auch hier gibt es noch eine Steigerung: Von der Vergangenheit Ihrer Kindheitsträume über die Gegenwart, in der Sie dieses Buch lesen, bis hinein in die Zukunft, die noch interessanter sein wird, als Sie bislang glaubten.

Stellen Sie sich vor, Sie säßen im Theater und hielten alles, was Sie sehen, für wirklich. Oder fragen Sie sich nur einen Augenblick lang, ob das möglich sei? Ist die Möglichkeit erst akzeptiert, spielt die Realität kaum noch eine Rolle.

Siegfried und Roy (»Meister der Illusion«)

Kapitel 9

Die Universalformel

Die Wege, die zur Universalformel führen, sind so zahlreich, wie die Menschen verschieden sind. Mit der Universalformel ist schlichtweg ALLES möglich, und so strebt jeder danach, sie zu finden. Machen auch Sie einmal einen Sprung in Ihre kühnste Phantasie, in Ihre geheimsten Träume. Entspannen Sie sich in einer ruhigen Minute und träumen Sie sich in eine völlig andere Welt hinein. Überspringen Sie die sonst so ängstlich gehüteten Grenzen der Realität für die Dauer eines Tagtraums. Vielleicht haben Sie dazu Gelegenheit im Liegestuhl, am Badestrand oder in der Hängematte ...

Nehmen wir einmal an, die Entwicklung der Menschheit ist um einige Jahrtausende vorangeschritten. Sie haben ein leichteres und klügeres Bewußtsein und stellen sich vor, es gebe eine *Formel der Allwissenheit*. Diese Idee ist nicht neu: Schon die alten Alchemisten träumten vom ›Stein der Weisen‹, der kein echter Stein, sondern eben die *Formel zur Weisheit* sein soll.

Die folgenden Geschichten sollen *Ihre Phantasie beflügeln und in ›Adlerhöhen‹ erheben:* Von dort oben erkennen Sie die großen Zusammenhänge, die überall wirken, und darüber geraten die unwichtigen Details außer Sichtweite und gehen vorübergehend verloren. Denken

Sie bei diesen Geschichten daran, daß die überall wirksame Polarität als Vision der erste und einfachste Schritt auf dem Weg zur Formel der Allwissenheit ist.

Hier nun die Geschichten, bei denen sich Phantasie und Realität vermischen, wenn auch die Phantasie deutlich überwiegt. Lernen Sie, beides auseinanderzuhalten und genau zu unterscheiden.

Das Raubtierfell

»Ein weiser Mann«, so erzählt uns Jorge Luis Borges, »hatte sein ganzes Leben damit verbracht, unter den zahllosen Zeichen der Natur nach dem unaussprechlichen Namen Gottes, der *Chiffre des großen Geheimnisses* zu suchen. Viel Schweres hatte er zu erdulden, bis er schließlich von den Knechten eines Fürsten festgenommen und dazu verurteilt wird, von einer Pantherkatze zerrissen zu werden. Man wirft ihn in einen Käfig. Hinter den Stäben eines Gitters, das man im nächsten Augenblick hochziehen wird, lauert das Raubtier auf seine Beute. Unser Weiser schaut auf das Tier, und plötzlich, während er die Flecken seines Fells betrachtet, entdeckt er im Rhythmus dieser Formen die Zahl, das Signum, nach dem er an so unendlich vielen Orten gesucht hat. Jetzt weiß er, warum er sterben soll und daß im Sterben seine Sehnsucht erfüllt wird - aber das ist kein Tod.

Das All verschlingt uns, oder es gibt uns ein Geheimnis preis, je nachdem, ob wir es zu betrachten verstehen oder nicht. Es ist höchst wahrscheinlich, daß die fernsten und tiefsten Gesetze des Lebens und des Schicksals aller Dinge deutlich in der materiellen Welt um uns herum zu lesen sind, daß Gott seine Schrift auf allem hinterlassen hat, so wie für den Weisen auf dem Fell der Pantherkatze, und daß es nur eines bestimmten Blickes bedürfte...

Der erwachte Mensch wäre dann der Mensch, der diesen Blick hat.«
(Aus: Louis Pauwels/Jacques Bergier, *Aufbruch ins 3. Jahrtausend*. Scherz Verlag, Bern/Stuttgart, 1962)

Es ist sicherlich eine interessante Aufgabe für Sie, zu dieser Geschichte einen positiven Ausgang zu erfinden. Beachten Sie dabei das ›Machtprinzip‹ der handelnden Personen als Schlüsselreiz.

Auf der Suche ...

Seit vielen Jahrtausenden bemühen sich die Menschen aller Zeitalter, den Sinn der Schöpfung zu enträtseln. Jedes Denksystem, jede Wissenschaft, jede Kultur und Religion hat eine andere Teilantwort bereit. Wird es dem Menschen jemals möglich sein, eine zentrale Antwort auf alle Fragen des Lebens zu finden? Könnte es einen Universal-Schlüssel geben, der die Fragen aller Wissensgebiete zentral beantworten kann?

Der Mensch in seinem jetzigen Entwicklungsstadium gleicht einer grünen Tomate. Essen Sie eine einzige grüne Tomate, und Sie werden den ganzen Tomatenstrauch für eine Fehlkonstruktion halten. Geben Sie derselben grünen Tomate vier Wochen Sonnenlicht, und Ihre Antwort fällt viel positiver aus. Auch werden nur die Kerne der gereiften Tomate weitere Früchte tragen. Ist das Gehirn oder das Bewußtsein des Menschen derzeit noch im Zustand einer grünen Tomate? Und wie kann Bewußtsein reifen?

Das Mysterium des Lebens läßt sich wohl kaum jemals bis ins Detail verstehen, es sei denn, man versucht, es in Skulpturen oder Bildern auszudrücken und intuitiv zu begreifen. Vielleicht werden unsere Nachkommen in späteren Kulturen, in Jahrtausenden, *die Rätsel der Schöpfung verstehen*. Oder es ist möglicherweise so, daß jede Frau und jeder Mann heute schon die Chance hat, ihr bzw. sein eigenes Bewußtsein fern vom Alltag in stillen besinnlichen Stunden adlergleich zu erheben und *visionäre Zusammenhänge* zu erblicken.

Ist *die große Antwort,* die Universalformel, vom Entwicklungszustand des Ichs eines jeden einzelnen Menschen abhängig? Gibt es überhaupt *eine höhere Erkenntnis, die alle Wahrheiten und Standpunkte in sich vereinen kann?* Müssen wir als ›grüne Tomaten‹ für lange Zeit warten, bis wir die große Lösung gemeinsam finden, oder können wir unseren ›Reifungsprozeß‹ auch im Alleingang beschleunigen?

Auf der Suche nach der endgültigen Antwort stellen sich unzählige Fragen:

- Wächst das Universum und wächst gleichzeitig das Gehirn, das ja Träger des unsterblichen Bewußtseins des Menschen ist, *von Stufen niedrigen Verstehens hin zu Stufen immer höheren Verstehens?*
- Gibt es in der Bewußtseinsentwicklung der Schöpfung eine *Aufwärtsentwicklung der Bewußtwerdung,* zum Beispiel vom Stein zur Pflanze, vom Tier zum Menschen, vom Gelehrten zum Weisen und Erleuchteten?
- Gibt es Stufen nach oben, eine Treppe, kleine oder große Entwicklungsschritte, *eine Überbrückung vom niederen zum höheren Verstehen?*
- Wo endet das Menschliche und beginnt das Übermenschliche?
- Gibt es den unsterblichen, göttlichen Funken im Menschen, von dem die Religionen sprechen? (vergleichen Sie hierzu auch das Buch *Werden Sie ein Genie!,* s. Literaturliste)
- Gibt es Sonnenstrahlen für die grünen Tomaten?

Ja, sagen die alten Texte, sagen die uralten ägyptischen und vedischen Überlieferungen. Doch jeder Mensch hat einen anderen Reifegrad. Grüne Tomaten mit roten Teilflächen müssen sich noch unter anderen grünen Tomaten verbergen, um nicht als Außenseiter erkannt und angegriffen zu werden. Doch wie sieht unabhängig davon der angestrebte Reifezustand aus? Gibt es Erkenntnishöhen, die wir heute nicht einmal ahnen? Wie finden wir den Weg nach oben, wenn jeder von uns einen individuellen Zugang hat? *Ist Allwissenheit innerhalb einer Lebensspanne möglich?*

Auch Einstein stellte sich unzählige Fragen. Und nicht durch Logik, sondern durch bildhafte Gedankenspielereien kam er zu seinen Entdeckungen:

»Wie fühle ich mich in einem Fahrstuhl, der mit Lichtgeschwindigkeit reist?«

»Wie sehe ich das All, wenn ich es schneller als mit Lichtgeschwindigkeit durchquere?«

Ein Mensch muß nicht Einstein sein, um sich solche Science-Fiction-Bilder plastisch und bildhaft auszumalen, das kann jedes Kind. Doch das Kind zieht aus solchen Bildern zu wenig praktische Schlüsse, weil es zu wenig allgemeine Kenntnisse und Erfahrungen hat.

Der erste und einfachste Schritt ist es, sich an Menschen zu orientieren, die den Schritt zum Universalschlüssel schon gewagt haben. Solche Begegnungen, sei es durch Bücher, sei es in Gesprächen, sind die Abkürzung schlechthin auf dem Weg zur ›reifen Tomate‹ und zur unbegrenzten Fruchtbarkeit unserer eigenen Bewußtseinshöhen.

Wo hier das rationale Denken an Grenzen stößt, bringen uns Inspiration, Vision, Phantasie und Intuition noch große Strecken weiter, wie auf einem fliegenden Zauberteppich. *Die Liebe zum Thema,* subtile Neugierde, Forschergeist und Entdeckerdrang lassen sich durch ein Zauberwort zum Leben erwecken und als ›Treibstoff‹ für die Suche nach dem Universalschlüssel nutzen. Sammeln Sie alle Informationen, die in diese Richtung weisen!

Der Weise und die Formel - ein Romanfragment

Die ›Formel‹ war seit Jahrtausenden geheim. Wer sie besaß, konnte sein Wissen um ein beachtliches Maß erweitern und war bald allwissend. Der Vatikan suchte danach. Laotse, der weise Chinese, gab sie bei seinem Ableben an einen Schüler weiter. Dieser wurde ein genialer Mensch, und ebenso sein Sohn. Die weiteren Träger dieser Formel wirkten jahrtausendelang im Geheimen. Ob sie Gutes oder Böses mit der Formel wirkten, wußte niemand.

Plötzlich tauchte in unserem Jahrtausend ein Weiser mit der Formel auf - und verschwand wieder. In jeder Generation konnte immer nur ein Mensch diese Formel besitzen. Diesem eröffnete sie dann nahezu unbegrenzte Macht. Der Träger der Formel konnte auch nie besiegt werden, denn er war in der Lage, Menschen und ihre Handlungen und Reaktionen immer im voraus zu durchschauen und richtig einzuschätzen. Die Formel und ihre jeweiligen Träger dienten den Mächtigsten der Erde. Der Preis schon für die geringste Dienstleistung eines Formelträgers war so unermeßlich, daß ihn nur Könige bezahlen konnten. Manchmal jedoch bekam ein Herrscher auch eine Dienstleistung umsonst.

Der Weise, der die Formel heute besitzt, lebt oft wie ein gewöhnlicher Mensch. Er kann Weltgeschichte schreiben, doch nur für die Spanne eines Lebens. Formelträger haben zahlreiche Diener um sich herum; doch nur einer von ihnen wird die Formel dereinst erben. Wer die Formel vollständig kannte, war für den Rest seines Lebens vor jeglicher Gefahr geschützt; er war wirklich jenseits aller Gefahr; ein seltener Vorzug!

Nun hat das FBI einen Formelträger enttarnt, der Nachfolger des letzten Formel-Weisen werden sollte. Er wird in geheimen Verstecken festgehalten, und sein Aufenthaltsort wird häufig unter größter Geheimhaltung gewechselt. Früher oder später wird der jetzige Formelträger die Formel auf diesen Nachfolger übertragen, dann ist der Mann nicht aufzuhalten. Doch noch ist es nicht so weit, und der gefangene Formel-Anwärter hat noch kein Wort gesprochen. Was wird nun als nächstes passieren?

Der Formelanwärter hatte einen Zettel in der Tasche mit einem Code aus wenigen Zahlen und vier Farben. Zu wieviel Prozent besaß er die Formel bereits? Konnte er den Rest der Formel durch kluge Kombination selbst entwickeln und plötzlich allwissend werden? Und was würde mit der Welt geschehen, wenn es auf diese Art zwei Formel-Weise gäbe?

Im Morgengrauen nähert sich ein kleiner Punkt dem FBI-Gelände; es ist ein Hubschrauber. Im Umkreis von einem Kilometer fallen die Wachen in Tiefschlaf. Der Hubschrauber nähert sich dem Gefängnis und landet auf dem Dach; zwei Männer öffnen die Decke mit einem Laser und lassen eine Strickleiter herunter. Die Chance, daß die Welt je mehr über die Formel erfahren könnte, verschwindet mit einer Strickleiter gen Himmel.

Bei Tagesanbruch finden die FBI-Beamten einen Brief:
»Sehr geehrte Herren,
Vielen Dank für Ihre Gastfreundschaft. Die Tatsache, daß der zweite Mann mit der Universalformel in Ihre Hände fallen könnte, bedeutet, daß die Welt sich in Gefahr befindet. In einer Gefahr, deren Abwendung im Grunde Aufgabe Ihrer Institution ist. Bitte überbringen Sie Ihrem Präsidenten folgende Botschaft:

Werter Präsident,
wenn Sie das Ende ihrer Amtszeit in Frieden erleben wollen, sollten Sie rasch handeln, und zwar folgendermaßen:
Ordnen Sie für alle FBI-Agenten einen IQ-Test an und ermitteln Sie die drei Männer mit dem höchsten Ergebnis. Tun Sie das noch heute. Ich werde mich morgen bei Ihnen melden und Ihnen die ersten 50% der Allwissenheitsformel für diese Männer überbringen. Der beste von ihnen - ich werde sie alle einem Test unterziehen - erhält weitere 25%; und den Rest kann er sich dann in einem Zeitraum von 6 Wochen selbst kombinieren.«

Nun sind Sie wieder an der Reihe: Erfinden Sie das Ende dieser spannenden Geschichte! Schlüpfen Sie in die Rolle des Formel-Weisen!

Überprüfen Sie anschließend, welche Ereignisse aus diesen drei Erzählungen in Ihrem Leben und Ihrer eigenen Persönlichkeitsstruktur Parallelen haben, und seien sie auch nur geringfügig. Arbeiten Sie künftig daran, die Polaritäten in Ihrem Wesen und Schicksal auszubalancieren: Sie werden tatsächlich an Weisheit gewinnen und eines Tages die Formel erkennen oder zumindest erahnen. Oder Sie begegnen einem Formelträger und erkennen ihn sofort.

Was könnten Sie von ihm lernen? *Wie* würde das nach Ihrem eigenen Willen Ihr Leben verändern? *Welche Wünsche* würden Sie sich als erstes erfüllen? *Übernehmen Sie diese Visionen in Ihre Träume und schlafen Sie mit ihnen ein!* Gestalten Sie sich mit Ihrer Phantasie Ihren eigenen James-Bond-Film, Ihren eigenen *Krieg der Sterne* oder das Abenteuer *20.000 Meilen unter dem Meer*.

Es genügt also, eine Vorahnung und etwas Interesse aufzuspüren, um ein Suchender nach der Formel der Allwissenheit zu werden!

Das größte Abenteuer, nämlich das Ihrer eigenen Gedanken, kann jetzt in diesem Augenblick durch Ihren eigenen Entschluß beginnen. Werden Sie ein Formel-Träger! Üben Sie weiter, um vom Suchenden zum Findenden fortzuschreiten, zu bisher völlig unbekannten Höhen!

Sie werden vom Nehmenden zum Gebenden, vom Lernenden zum Lehrenden. Helfen Sie der Welt, auf Ihre persönliche Art. Werfen Sie einen Anker in das Morgen einer besseren Zukunft!

Den Abschluß dieser Gedanken bildet eine kleine Anekdote:
»Du kannst«
Ein bekannter Trapezkünstler war dabei, seine Schüler zu unterrichten. Nachdem er eine Übung genau erklärt und demonstriert hatte, befahl er ihnen, sie selbst auszuführen. Einer der Artisten bekam es im letzten Moment mit der Angst zu tun. Er sah sich plötzlich das Trapez

verfehlen und abstürzen. Er war nicht mehr fähig, einen Muskel zu rühren, und entmutigt sagte er: »Ich kann nicht - ich kann einfach nicht.«

Der Instruktor legte seinen Arm um die Schultern des jungen Artisten und sagte: »Doch, du kannst es, und ich will dir auch sagen wie.« Und dann sagte er einen Satz, der zu den klügsten und schönsten Ratschlägen gehört, die ich je vernommen habe. Er sagte: »Wirf dein Herz über die Stange, und dein Körper wird ihm folgen.«

(Norman Vincent Peale)

Anhang

So erreichen
Sie noch mehr

Kapitel 1

Gedächtnistechnische Praxisübertragung

Im Laufe der letzten Jahre waren Kollegen und Gedächtnistrainer, die sich in der Ausbildung befanden, ein ideales Beobachtungsfeld für die Fragestellung, welche inneren Eigenschaften vorhanden sein müssen, damit Lehrer- und Trainerpersönlichkeiten zum Erfolg gelangen. Menschen mit wenig geübter und nur durchschnittlicher Intelligenz begrenzen sich oft selbst auf einen kleinen Einsatzbereich; sie geben zum Beispiel nur Kurse an der Volkshochschule und denken nicht an die große Karriere. Dabei ist es immer wieder sehr überraschend, in welchem Maß auch die durchschnittliche Intelligenz durch unsere Gedächtnisübungen *zur großen Begabung* entfaltet werden kann.

Wenn ein Trainer das erkannt hat und sich entsprechend um die Entwicklung und Pflege seiner geistigen Eigenschaften kümmert, entstehen aus dieser Kreativität heraus oftmals intelligente Firmenseminare, bei denen sich die Gedächtnistechniken sowohl mit Rhetorik, Argumentation und Verkauf als auch mit Entspannungs-, Antistreß- und Mentaltraining kombinieren lassen. Kommen dann auf der Trainerseite Geduld und innere Ausgeglichenheit hinzu, ergibt sich leicht eine erfolgreiche Karriere auf dem Seminarsektor.

Wer, von den reinen Gedächtnisübungen ausgehend, mit den entsprechenden Nachbardisziplinen kombiniert und im Dialog mit den Seminarteilnehmern offen bleibt für neue Ideen und Anwendungsgebiete, kann die beste Konzeption für ein Seminar oder eine Fortbildungsveranstaltung entwickeln, die noch dazu auf die Anforderungen einer bestimmten Firma zugeschnitten ist. Das kann in der Praxis folgendermaßen aussehen:

»Geistige Effizienz
Es gibt viele Methoden, um die eigene Arbeit effektiver und rationeller zu gestalten. Recht wenig wurde bislang über die sinnvolle Nutzung des menschlichen Denkapparates gesagt. Psychologen weisen darauf hin, daß die Gehirnkapazitäten nur zu 15% genutzt werden. Dort liegen offensichtlich enorme Potentiale.
Hier setzt dieses Seminar an:
• Lern-, Denk- und Arbeitstechniken
  Wie kann man sich Namen, Gesichter und wichtige Informationen zur Person dauerhafter einprägen?
  Wie kann man sich Fakten einer beliebigen Liste eines Protokolls oder eines Fachartikels merken und flüssig wiedergeben?
  Wie kann man den eigenen Tagesplan besser im Kopf behalten?
  Wie kann man eine Rede ohne Manuskript speichern?
• Gedächtnis-, Konzentrations- und Kreativitätstraining
  (Vertiefende Übungen zum obigen Kurs)
• Geistige Effizienz
Anwendungsorientierte Kombination aller Geistesgaben«
(aus dem Ankündigungstext der Firma Bosch in Feuerbach für eine Seminarreihe von einem unserer Trainer zum Thema ›Geistige Effizienz‹, Frühjahr 1997)

Erfolg kommt letztendlich aus der Ausdauer, bei einem Thema zu bleiben und dieses von Seminar zu Seminar ein wenig weiterzuentwickeln, um es auch jeweils firmenorientiert darbieten zu können.

Dieselbe Veranstaltung kann bei verschiedenen Berufsgruppen unterschiedlich aussehen: Ein Handwerker denkt deutlich mehr praktisch orientiert, ein Ingenieur mehr theoretisch. Die Ausdauer und Variationsmöglichkeit in der spezifischen Übertragung bringen dem Trainer schließlich den ersehnten Erfolg.

Kapitel 2

Die Symbole von 11 bis 100

Wir hatten Ihnen ja weitere Symbole in Aussicht gestellt; hier können Sie Ihre Ausdauer nach Belieben fördern und die vielfältigsten Variationen erarbeiten, die Sie sich denken können. Wir zeigen Ihnen nun ein System, mit dessen Hilfe Sie sich 100 und mehr Einzelheiten spielend merken werden.

Zunächst ersetzen wir die Ziffern durch bestimmte Buchstaben aus dem Alphabet. Prägen Sie sich bitte die folgenden Zuordnungen gut ein; in Klammern finden Sie jeweils eine ›Eselsbrücke‹:

1 = t oder d

(die 1 wird ähnlich geschrieben wie ein t)

2 = n

(das n sieht aus wie zwei aneinandergereihte Spazierstöcke)

3 = m

(drei Spazierstöcke)

4 = r

(der letzte Buchstabe von ›vier‹ ist ein r)

5 = l, L

(die römische Zahl für 50 ist L)

6 = j, J, ch, sch

(ein handgeschriebenes J sieht fast so aus wie eine seitlich gespiegelte 6)

7 = k, g

(Merksatz: 7 Kühe grasen)

8 = v,f

(Merksatz: 8 Vögel fliegen)

9 = p, b

(die 9 wird gespiegelt zum p, gedreht zum b)

0 = z, s, c

(0 = zero beginnt mit z)

a, e, i, o und u bleiben übrig und dienen uns später als Füllstoff

(Merksatz: Annas Eimer ist oben undicht)

w, h, y bleiben ebenfalls übrig, sie bilden das englische Wort why = warum - das weiß keiner.

Prägen Sie sich bitte diese Ersetzungen sehr gut ein. Mit Hilfe der Erklärungen, die jeweils dabeistehen, dürfte Ihnen die Aufgabe keine großen Schwierigkeiten bereiten. Der blitzschnelle gedankliche Austausch von Zahl und Buchstabe ist die wichtigste Voraussetzung für weiterführende Gedächtniskunst, die für Außenstehende schon fast an Zauberei grenzt - lernen Sie, und lassen Sie sich dann von Ihren eigenen Fähigkeiten überzeugen!

Mit dieser kleinen Tabelle stellen wir uns nun die Symbolreihe von 11 bis 20 zusammen. Ein Beispiel:

Die Zahl 11 besteht aus den Ziffern 1 und 1, also muß im entsprechenden Symbolwort auch zweimal der Buchstabe t oder d vorkommen. Wir haben uns den ›Teddy‹ ausgesucht (11 = Teddy), und Sie merken sicher sofort, daß außer t und dd in diesem Wort sonst nur ›Füll-Buchstaben‹ verwendet werden. Genauso gehen wir vor bei der 12: Für die Ziffern 1 und 2 stehen die Buchstaben t/d und n, wir entscheiden uns für die Tanne (12 = Tanne). Betrachten Sie nun die Symbole für die Zahlen 11 bis 20 im einzelnen:

11 = t und d	Teddy	
12 = t und n	Tanne	
13 = t und m	Dame	
14 = t und r	Tor	
15 = t und l	Till (Eulenspiegel), Tal	
16 = t und sch	Tasche, Dach	
17 = t und g	Dogge	
18 = t und f	Tiefe	
19 = t und b	Taube	
20 = n und s	Nase	

Sehen Sie die Bilder vor Ihrem inneren Auge genau an; und machen Sie sich wirklich von jedem dieser Wörter ein genaues Phantasiebild. Sehen Sie einen bestimmten Teddy an einem bestimmten Platz; und jedesmal, wenn Sie einen Begriff mit dem Symbol ›Teddy‹ verknüpfen, muß automatisch dieser Teddy auf Ihrer inneren Leinwand erscheinen. Jedes der Symbole von 11 bis 20 muß einem ganz bestimmten und immer gleichbleibenden Bild entsprechen. Das ist Voraussetzung für die spontane und erfolgreiche Verknüpfung mit den Begriffen, die Sie sich einprägen wollen.

Wir geben Ihnen im folgenden die Bilder für die Zahlen von 21 bis 100 ebenfalls vor (zum Teil entnommen aus: Roland Geisselhart, Marion Zerbst, *Das perfekte Gedächtnis*, Orell Füssli Verlag, Zürich 1989, S.183f.; dort finden Sie auch eine noch ausführlichere Erklärung zu diesem System). Wenn Sie sich pro Woche eine Zehnerreihe gründlich einprägen (das ist zu schaffen!), werden Sie bereits innerhalb von 2 Monaten große Fortschritte in Ihrer Merkfähigkeit feststellen:

Die bildhafte Darstellung der Symbole 20-100 soll durch die folgenden Skizzen erleichtert werden:

Überflüssige Buchstaben sind eingeklammert.

Entnommen (zum Teil) aus:

R. Roland Geisselhart, Marion Zerbst, *Das perfekte Gedächtnis,* S.183f.

20: Nase		30: Maus	
21: Note		31: Matte	
22: Nonne		32: Mohn	
23: Name		33: Mumie	
24: Narr		34: Meer	
25: Nil		35: Maul	
26: Nische		36: Masche	
27: Nacke(n)		37: Mücke	
28: Neffe		38: Muff	
29: Nabe(l)		39: Mappe	

40: Rose

41: Rad

42: Rinne

43: Rahm

44: Rohr

45: Rolle

46: Rüsche

47: Rock

48: Riff

49: Rabe

50: Lasso

51: Latte

52: Leine

53: Lama

54: Lehre(rin)

55: Lilie

56: Lasche

57: Lack

58: Lava

59: Lippe

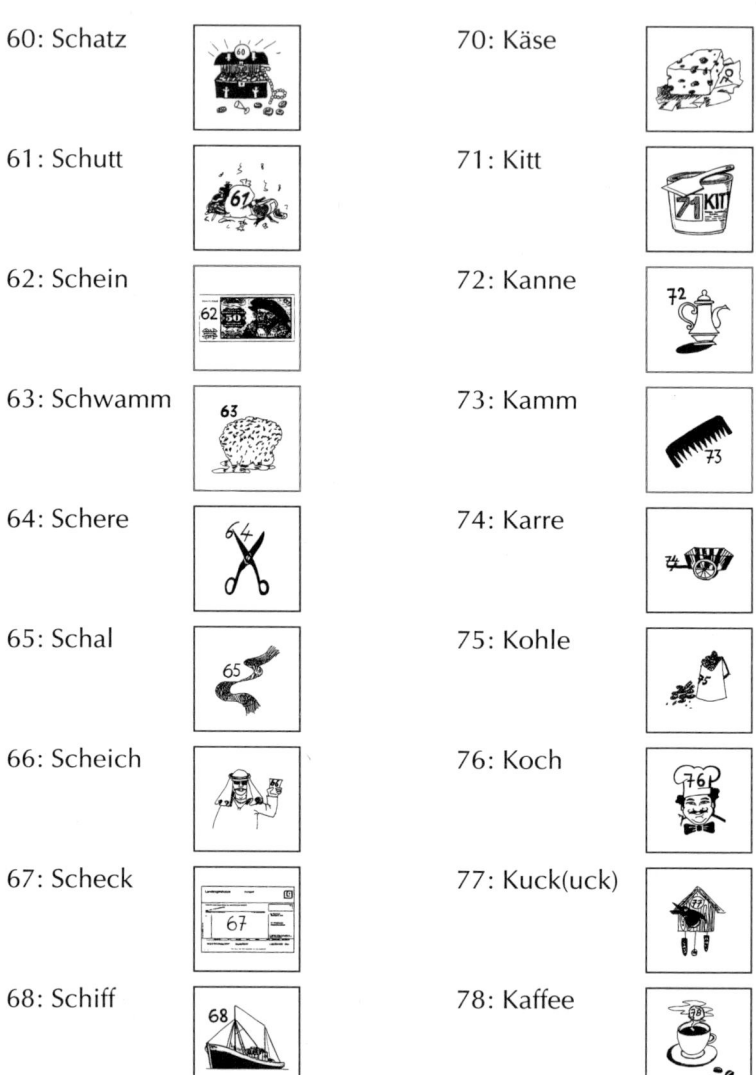

60: Schatz		70: Käse	
61: Schutt		71: Kitt	
62: Schein		72: Kanne	
63: Schwamm		73: Kamm	
64: Schere		74: Karre	
65: Schal		75: Kohle	
66: Scheich		76: Koch	
67: Scheck		77: Kuck(uck)	
68: Schiff		78: Kaffee	
69: Schippe		79: Kappe	

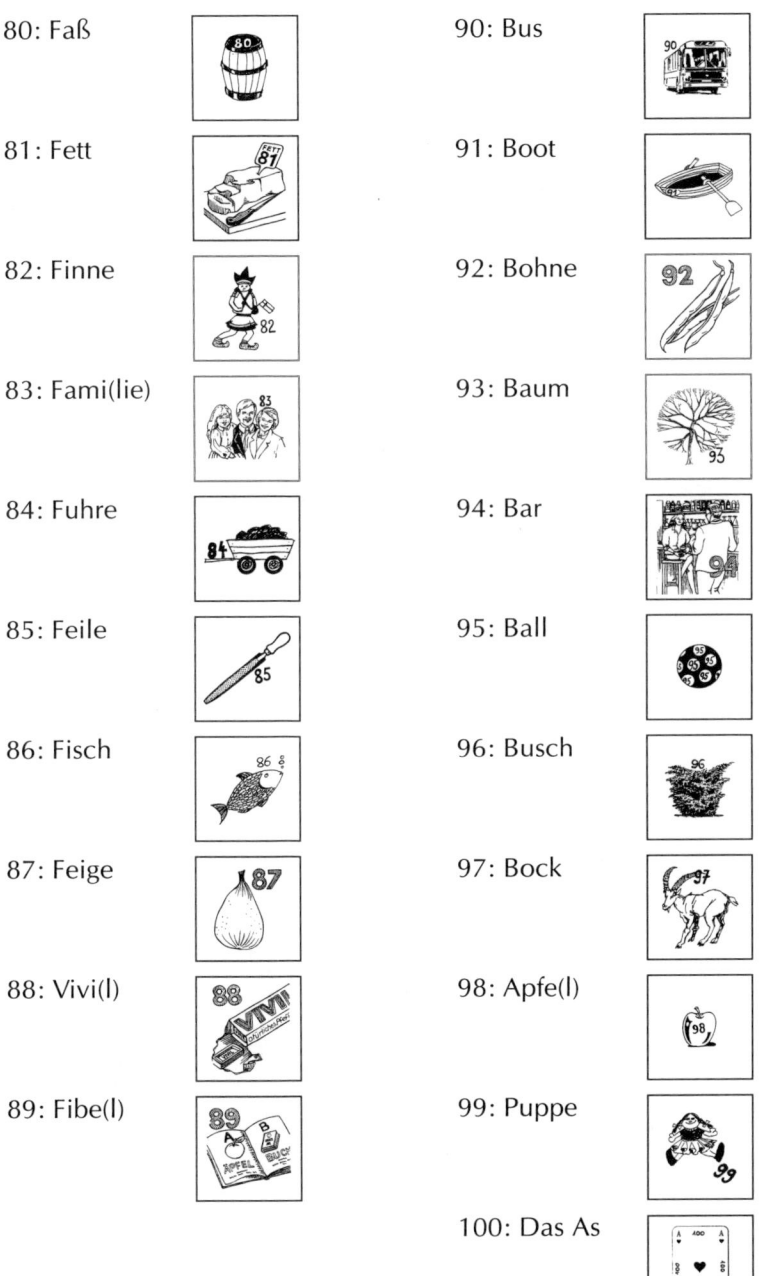

80: Faß

81: Fett

82: Finne

83: Fami(lie)

84: Fuhre

85: Feile

86: Fisch

87: Feige

88: Vivi(l)

89: Fibe(l)

90: Bus

91: Boot

92: Bohne

93: Baum

94: Bar

95: Ball

96: Busch

97: Bock

98: Apfe(l)

99: Puppe

100: Das As

157

Kapitel 3

Übung macht den Meister!

Talent allein gewährleistet noch keinen Erfolg; Genialität bleibt oft unbelohnt. Eine gute (theoretische) Schulausbildung ist zwar für den Anfang wichtig, darf aber dann nicht ein Leben lang für mangelnde praktische Ergebnisse vorgeschoben werden. *Entschlossenheit und Beharrlichkeit* sind in unserer Gesellschaft die wesentlichen Erfolgsfaktoren, die eine Chance haben.

Beginnen Sie langsam, in aller Stille, Ihre eigenen Talente gleichsam ›homöopathisch‹ zu entdecken und zu fördern. Üben, üben und immer wieder üben - das ist alles; nur die Übung bildet den Lehrling zum Meister heran! Wenn Sie wirklich pro Woche eine weitere Zehnerreihe lernen und beherrschen, können Sie bereits nach fünf Wochen Ihre Umgebung in Erstaunen versetzen, weil Sie sich dann ja 50 numerierte Punkte merken können. Diese können Sie natürlich problemlos der Reihe nach aufzählen, aber genausogut läßt sich die Reihenfolge variieren. Wenn Sie gefragt werden nach den Begriffen auf Platz 35 und 42 werden sie Ihnen genauso schnell und sicher einfallen, denn mit diesen Zahlen sind ja die Symbole gut verknüpft, und an die Symbole haben Sie die gesuchten Begriffe angeschlossen... Die Möglichkeiten sind dieselben wie bei den anfangs gelernten Symbolen 1 bis 10 - nur haben Sie jetzt nicht 10, sondern 100 Plätze in Ihrem visionären Gedächtnis zu besetzen!

Beginnen Sie im privaten Kreis anfangs mit 20 bis 30 Punkten, die Sie sich schnell und sicher einprägen und korrekt wiedergeben. Ein Kollege von mir hat mit solchen Vorführungen sein Image im Bekanntenkreis beachtlich gesteigert; die Menschen in seiner Umgebung sprachen ihm automatisch auch insgesamt mehr Kompetenz zu. Meistens taucht jedoch das umgekehrte Problem auf: Jemand hat auf einem bestimmten Gebiet eine fachliche Kompetenz entwickelt, doch die Umgebung erkennt diese Leistung nicht an.

Deshalb nutzen Sie das Gedächtnistraining auch gleichzeitig, um sich wichtiges fachliches Wissen anzueignen. So haben Sie die Möglichkeit, kleine Kompetenzlücken nach und nach unauffällig zu schließen, indem Sie sich als Material für kleine Gedächtniskunststücke Wissensbereiche auswählen, von denen Sie, sei es beruflich oder privat, profitieren können. Merken Sie sich die wichtigsten Punkte des Vertrages mit Ihrem neuen Geschäftspartner, oder prägen Sie sich Zitate von berühmten Zeitgenossen ein - *den Anwendungsmöglichkeiten sind keine Grenzen gesetzt!*

Für den Anfang werden Sie natürlich nicht gleich mit einer 100-Punkte-Liste loslegen, sondern Sie nehmen sich zunächst jede Woche eine andere Zehnerreihe vor, die als aktuelle Symbolreihe zur Verknüpfung dient. So könnten Sie zum Beispiel die folgenden zehn Lebensweisheiten mit den Symbolbegriffen von 60 bis 69 (stehen in Klammern hinter den Sentenzen) verbinden:

- Nur wer sein Ziel kennt, findet den Weg. (Schatz)
- Für Deine Lebensumstände bist Du verantwortlich. (Schutt)
- Deine Gedanken sind Dein größter Reichtum. (Schein)
- Glaube an Deine Fähigkeiten. (Schwamm)
- Lächle, und die Welt lächelt zurück. (Schere)
- Ändere Deine Situation oder Deine Einstellung. (Schal)
- Eine helfende Hand findest Du am Ende Deines Armes. (Scheich)

- Mache aus jedem Tag das Beste. (Scheck)
- Der Wille öffnet die Türen zum Erfolg. (Schiff)
- Wer mit der Unlust lebt, lebt falsch. (Schippe)

Sie gehen also folgendermaßen vor:
60 ist der Schatz - wenn Sie Ihr Ziel genau kennen, kann es ja durchaus sein, daß Sie unterwegs einen Schatz finden.

61 ist der Schutt - es liegt in Ihrer alleinigen Verantwortung, ob Sie auch aus Schutt und Asche wieder etwas Schönes zum Leben erwecken wollen.

62 ist der Schein - wir stellen uns einen Zehntausendmarkschein vor (wissen Sie überhaupt, wie ein solcher aussieht?) und denken daran, daß unsere Gedanken unser größter Reichtum sind und noch viel mehr an Wert bedeuten als dieser Schein...

Sie sehen, wie diese Methode funktioniert; verknüpfen Sie nun den Rest der Reihe selbständig mit den Symbolen und überprüfen Sie anschließend, wie gut Sie sich diese Lebensweisheiten mit dem erweiterten System einprägen konnten.

Es gibt im Alltag unzählige Einsatzmöglichkeiten für solche Übungen - und wenn Sie eine Zeitlang täglich geübt haben, werden Sie diese Methode, sich Daten und Fakten zu merken, immer automatischer und erfolgreicher einsetzen.

Kapitel 4

Weitere Checklisten zum Üben

In diesem Kapitel finden Sie weitere Listen, die Sie als Übungsmaterial benutzen können. Wenn Sie sich die Zehnerreihen von 11 bis 100 eingeprägt haben, sollten Sie täglich ein wenig weitertrainieren, damit Ihnen die Symbolbilder immer selbstverständlicher einfallen und Ihre Phantasie durch das bildhafte Verknüpfen ständig angeregt wird. Suchen Sie sich jeweils eine bestimmte Zehnerreihe aus, und nehmen Sie dann eine der folgenden Checklisten zur Hand, die Sie mit den Symbolbildern in altgewohnter Manier verknüpfen: Bildhaft, lebendig, außergewöhnlich, ›merk-würdig‹ und originell.

a) *Filmtitel:*
1. Der Glöckner von Notre Dame
2. Demolition Man
3. Vom Winde verweht
4. So weit die Füße tragen
5. Die Wüste lebt
6. 20.000 Meilen unter dem Meer
7. Winnetou I-III
8. Die Vögel
9. Die 10 Gebote
10. Ben Hur

b) *Esoterische Bestseller* (nach einer Verkaufszahlen-Liste aus *Esotera* Heft 11, Hermann Bauer Verlag, Freiburg, November 96. Sie können genausogut eine Liste von interessanten Titeln aus dem Silberschnur-Verlagsprogramm zusammenstellen):

1. Die Prophezeiungen von Celestine
2. Die 10. Prophezeiung von Celestine
3. Vom richtigen Zeitpunkt
4. Die Wolfsfrau
5. Traumfänger
6. Der Körper als Ausdruck der Seele
7. Der Photonenring
8. Das Leben lieben
9. Das große Lexikon der Heilsteine
10. Die 7 geistigen Gesetze

c) *Bekannte Märchenfiguren:*

1. Schneewittchen
2. Der Froschkönig
3. Dornröschen
4. Zwerg Nase
5. Aschenputtel
6. Prinz Eisenherz
7. Das tapfere Schneiderlein
8. Rotkäppchen
9. Der Eisenhans
10. Der gestiefelte Kater

d) *Wichtige Hausarbeiten, die am nächsten Wochenende durchzuführen sind:*

1. Den Hausflur wischen
2. Hemden bügeln

3. Socken stopfen
4. Handtücher auswechseln
5. Schuhe putzen
6. Speiseplan für die kommende Woche erstellen
7. Gardinen waschen
8. Betten frisch beziehen
9. Teppiche ausklopfen
10. Rasen mähen

Über solche Vorschläge hinaus können Sie sich natürlich jederzeit eigene Listen erstellen, die Bereiche betreffen, mit denen Sie privat oder beruflich viel zu tun haben:

* 10 gute Ideen für Telefongespräche
* 10 Fragen für den Gebrauchtwagenkauf
* 10 Argumente für eine Gehaltserhöhung
* 10 sinnvolle Weihnachtsgeschenke für Kinder
* 10 sinnvolle Weihnachtsgeschenke für Erwachsene
* 10 wichtige Punkte bei der Vorbereitung von Familienausflug, Auto-Check, Hausputz oder ähnlichem, und so weiter.

Sie haben inzwischen genügend Erfahrung im Einsatz Ihrer kreativen Phantasie, daß es Ihnen an konkreten Möglichkeiten bestimmt nicht fehlen wird.

Eine bestimmte Übung wollen wir Ihnen noch präsentieren: Mit den folgenden zehn Fragen können Sie eingespielte Verhaltensmuster aus Ihrer Vergangenheit einmal genauer unter die Lupe nehmen. Es geht darum, bestimmende Leitgedanken in Ihrem Leben aufzuspüren und möglichst durch ein noch besseres ›Verhaltens-Soll‹ für die Zukunft zu ersetzen. Das heißt, diese Aufgabe besteht aus zwei Teilen: Zunächst beantworten Sie sich ganz ehrlich jede einzelne Frage; dann erstellen Sie zu jedem Punkt eine positive Vorausschau für Ihre Zukunft: Wie wollen Sie sich in einer solchen Situation künftig verhalten?

1. In welche eingefrästen Verhaltensmuster aus frühester Jugend falle ich immer wieder zurück?
2. Was stört andere Menschen an meinem Erscheinungs- oder Verhaltensbild? Worauf werde ich von anderen Menschen immer wieder aufmerksam gemacht?
3. Welche Verhaltensänderungen verlangen meine Mitmenschen von mir und wie begründen sie ihre Kritik an meinem Verhalten?
4. Was kann ich an mir selbst leiden, und welche Kommunikations- und Verhaltensstärken habe ich zur Verfügung?
5. Durch welche Reaktionsmuster komme ich mit anderen Menschen am besten aus?
6. Bei welchen Situationen treten diese Erfolge immer wieder auf, und worauf führe ich das zurück?
7. Wie möchte ich auf andere Menschen wirken, und wie und wodurch kann ich dieses Ziel erreichen?
8. Was muß ich hierbei in meinem Verhalten verbessern, anpassen oder modifizieren, um im Sinne der Erwartung meiner Mitmenschen besser zu funktionieren?
9. Wodurch schränke ich die Geltungssucht anderer Menschen oder ihre Willensfreiheit ein?
10. Gegen welche meiner eigenen Verhaltensweisen protestiere ich bei anderen Menschen? (Spiegelbild-Projektion!)
(Überarbeitet nach: Günther Feyler, *140 Checklisten*, S.85)

Und nun notieren Sie sich Ihre positiven Ideen und Vorsätze zu jeder einzelnen Frage, und <u>diese</u> verknüpfen Sie dann mit einer beliebigen Zehnerreihe (und testen Sie auch ab und zu, wie lange Sie sich diese Verknüpfungen merken können!):

1. _____
2. _____
3. _____
4. _____

5. _____
6. _____
7. _____
8. _____
9. _____
10. _____

Lesen Sie sich eine solche selbst erarbeitete Liste immer wieder einmal durch; wiederholen Sie sie im Kopf (schließlich haben Sie sich diese Punkte zuverlässig abgespeichert!), und verfolgen Sie im Alltag aufmerksam, was sich in bezug auf diesen Lebensbereich bei Ihnen tut!

Zu unserem Buch gibt es auch praktische Kurse, Einzelberatungen und Trainer-Ausbildungen. Unseren Leserdienst erreichen Sie unter folgender Adresse:

Roland Geisselhart Team
Postfach 2904
D - 88048 Friedrichshafen

Über den Ausbildungsweg zum Gedächtnistrainer erhalten Sie gerne kostenlos und unverbindlich weiteres Informationsmaterial, ebenso sind unter dieser Adressse ausführliche Seminarprogramme erhältlich.

Literaturverzeichnis

Abhenavagupta: *Sein. Schriften über die Nicht-Zweiheit.* Zeitschrift ›Sein‹; Hg.: Rudolf Seitz, PF 1488, Halver 1981

Bach, Richard: *Die Möwe Jonathan / Illusionen.* Ullstein Verlag, Frankfurt/Berlin 1993

de Bono, Edward: *Laterales Denken.* Econ Verlag, Düsseldorf/Wien 1992

Brost, Hauke: *Jogging für den Kopf.* F. A. Herbig Verlag, München 1993

Brunton, Paul: *Von Yogis, Magiern und Fakiren.* Knaur Esoterik, München 1983

von Buttlar, Johannes: *Der Supermensch.* Reich Verlag, Luzern 1979

Crowley, John: *Ägypten.* Fischer Verlag, Frankfurt 1991

Feyler, Günther: *140 Checklisten.* Wilhelm Heyne Verlag, München 1981

Feyler, Günther: *Lebenskompaß Traum. In 16 Tagen kreativ träumen lernen.* Verlag Hermann Bauer, Freiburg 1990

Gawain, Shakti: *Stell dir vor. Kreativ visualisieren.* Rowohlt Verlag, Reinbek 1986

Geisselhart, Roland R.: *Vokabeln lernen wie im Schlaf.* Delphin Verlag, München 1989

Geisselhart, Roland R. / Burkart, Christiane: *Gedächtnis ohne Grenzen.* Oesch Verlag, Zürich 1997

Geisselhart, Roland R. / Burkart, Christiane: *Gedächtnis-Power.* Gabal Verlag 1997

Geisselhart, Roland R. / Burkart, Christiane: *Werden Sie ein Genie.* Orell Füssli Verlag, Zürich 1995

Geisselhart, Roland R. / Zerbst, Marion: *Das perfekte Gedächtnis.* Orell Füssli Verlag, Zürich 1989

Gerken, Gerd: *Die unsichtbare Kraft des Managers*, Econ Verlag, Düsseldorf 1988

Guitton, Jean / Bogdanov, Grichka und Igor: *Gott und die Wissenschaft.* dtv, München 1996,

Hark, Helmut (Hg.): *Lexikon Jungscher Grundbegriffe.* Walter Verlag, Solothurn/Düsseldorf 1994

Haußmann, Bernd / Geisselhart Roland R.: *THINK - Das Mega-Memo.* Ravensburger Verlag GmbH, Ravensburg 1997

Isbert, Dr. Otto Albrecht: *Konzentration und schöpferisches Denken.* Erich Hoffmann Verlag, Heidenheim 1962

Lindemann, Hannes: *Überleben im Streß. Autogenes Training.* Wilhelm Heyne Verlag, München 1985

Mischell, Patricia: *Denk' positiv!* Goldmann Verlag, München 1986

Monroe, Douglas: *Merlins Vermächtnis.* Verlag Hermann Bauer KG, Freiburg 1995

Pauwels, Louis / Bergier, Jacques: *Aufbruch ins 3. Jahrtausend.* Scherz Verlag, Bern/Stuttgart 1962

Rieker, Hans-Ulrich: *Ich lerne Yoga.* Fackelverlag, Stuttgart 1959

Russell, Peter: *Der menschliche Computer.* Wilhelm Heyne Verlag, München 1979

Sarasvati, Swami Sivananda: *Übungen zu Konzentration und Meditation.* O.W. Barth Verlag, München 1959

Schwab, Gustav: *Die schönsten Sagen des klassischen Altertums.* Goldmann Verlag, München

Siegfried & Roy: *Meister der Illusion.* Die Geschichte eines Welterfolgs. edition ferenczy bei Bruckmann, München 1992

Tepperwein, Kurt: *Geistheilung durch sich selbst.* Goldmann TB 11738, München

TV Hören und Sehen Nr. 47 vom 15.11.1996; Heinrich Bauer Verlag KG, Hamburg

Kurt Tepperwein

Handbuch zur Lebensfreude

Dieses Selbsthilfebuch zeigt auf, welche systematischen Schritte zu einer effektiven Problemlösung nötig sind und motiviert durch konkrete Arbeitsanweisungen, diese Schritte sofort anzugehen.

Ebenso spielt die innere Einstellung, die geistigen Energien eine große Rolle. Der Leser bleibt nicht allein mit guten Ratschlägen und Hinweisen: Er kann z.B. durch Entspannungs- und Imaginationsübungen, ja sogar durch Übungen zur Schulung seiner Intuition seine geistigen Kräfte stärken.

ISBN 3-931 652-26-2
broschiert, 148 Seiten, DM 19,80

Kurt Tepperwein

Dein Zahlenschlüssel

Der Autor macht uns mit der Essenz des uralten numerologischen Wissens vertraut. Durch einen Zahlenschlüssel erfahren wir Entscheidendes über unsere Fähigkeiten und Eigenschaften, die wir aus früheren Leben mitgebracht haben und über unseren „geheimen Persönlichkeitskern", die wir normalerweise nicht preisgeben. Wir erkennen den Sinn unseres Lebens und unsere Hauptcharaktereigenschaften. Wir haben die Möglichkeit, durch unseren Zahlenschlüssel unser Schicksal selbst zu gestalten und unsere Lebenssituation aktiv zu verbessern.

ISBN 3-931 652-19-X
broschiert, 136 Seiten, DM 19,80

Karl Everding

Jeder ist ein Feuerläufer

Feuerlaufen hat eine sehr alte Tradition und in vielen Kulturen ein wichtiges Initiationsritual. Der Psychotherapeut Everding leitet Transformations- und Feuerlaufseminare und bildet Feuerseminarleiter aus. Er beschreibt die inneren psychischen und emotionalen Prozesse, die vor, während und nach dem Feuerlaufen auftreten. Es wird aufgezeigt, welche enormen Chancen die Teilnahme an einem Feuerlaufseminar bieten, um festsitzende innere Blockaden und besonders Ängste aufzulösen, alte Verhaltensstrukturen zu sprengen und im Alltag Grenzen zu überschreiten.

ISBN 3-931 652-09-2
broschiert, 145 Seiten, DM 24,80

Beate Bock

Un-Mögliches möglich machen

Dieses Buch ist für Menschen geschrieben, die ihr Leben in einfacher Weise positiv verändern wollen. Die Autorin stellt Übungen vor, die im alltäglichen Leben mit erstaunlicher Leichtigkeit anzuwenden sind. Ziel der Autorin ist es, uns wieder mit unserer Herzensenergie in Kontakt zu bringen und uns in unserer Eigenverantwortung zu stärken.

ISBN 3-923 781-67-9
broschiert, 162 Seiten, DM 24,80

Dr. Anagarika Mahanamo

Geheimnis der Vitalität

**Gesundheit,
Lebenskraft
und Verjüngung
durch einfache taoistische Übungen**

Dieses Buch zeigt, wie der westliche - häufig gestreßte - Mensch durch einfache taoistische Körper- und Atemübungen den Körper entscheidend vitalisieren, harmonisieren und verjüngen kann.
Es ist ein Juwel für alle, die mit wenig Zeitaufwand durch Übungen, die Freude machen, Vitalität, Gesundheit und Lebensfreude bis ins hohe Alter erfahren möchten.

ISBN 3-923 781-95-4
gebunden, 126 Seiten, DM 19,80

Prof. Arthur David Horn

Götter gaben uns die Gene

Die Außerirdischen Ursprünge der Menschheit

Endlich ist der gordische Knoten zu dem Geheimnis der Entstehung des Menschen und seiner Kultur gelöst.
Dies für jeden verständlich geschriebene Buch dürfte das geschlossenste wissenschaftliche Werk sein, denn es korrigiert Darwin an seinen wundesten Punkten und revolutioniert gleichzeitig unser Denken über die Entstehung der Menschheit und ihrer Zivilisation.

ISBN 3-931 652-25-4
gebunden, 496 Seiten, DM 39,80